Performances des politiques économiques en Afrique subsaharienne

Théories et évidences empiriques

Etudes Africaines

Collection dirigée par Denis Pryen et François Manga Akoa

Dernières parutions

Dieudonné IYELI KATAMU, *Proverbes, paraboles et argot dans la chanson congolaise moderne*, 2010.

Oumar SANGARE, *La production cotonnière en Haute-Guinée*, 2010.

Oswaldo A. DIAZ O., *Des fillettes esclaves à Libreville au XXe siècle*, 2010.

Alphonse MAKENGO NKUTU, *Les institutions politiques de la RDC : de la République du Zaïre à la République démocratique du Congo (1990 - à nos jours)*, 2010.

Pierre François EDONGO NTEDE, *Ethno-anthropologie des punitions en Afrique*, 2010.

Alphonse MAKENGO NKUTU, *Les institutions politiques de la RDC : de l'Etat indépendant du Congo à la République du Zaïre (1885-1990)*, 2010.

Gaston M'BEMBA-NDOUMBA, *Transports urbains publics et privés au Congo : enjeux et pratiques sociales*, 2010.

Tahirou BAH, *Mali : le procès permanent*, 2010.

Aly Gilbert IFFONO, *Résistance et survie, Un peuple de Guinée face aux colonisations : les Kissia (Guinée, Libéria, Sierra Leone)*, 2010.

Kiatezua LUBANZADIO LUYALUKA, *La religion Kôngo, Ses origines égyptiennes et sa convergence avec le Christianisme*, 2010.

Kiatezua LUBANZADIO LUYALUKA, *L'inefficacité de l'église face à la sorcellerie africaine*, 2010.

Richard EYASU, *Démocratie en Afrique francophone : une pure fiction*, 2010.

Ambroise V. BUKASSA, *Congo-Zaïre : éternel rebelle au consensus politique*, 2010.

Arlète TONYE, *Pratique juridique des financements structurés en Afrique*, 2010.

Ferdinand Bararuzunza

Performances des politiques économiques en Afrique subsaharienne

Théories et évidences empiriques

L'Harmattan

5-7, rue de l'Ecole-Polytechnique, 75005 Paris

http://www.librairieharmattan.com
diffusion.harmattan@wanadoo.fr
harmattan1@wanadoo.fr

ISBN : 978-2-296-12963-4
EAN : 9782296129634

Remerciements et dédicace

Ce livre n'aurait pas vu le jour sans le concours de certaines institutions et de certaines personnes que nous tenons à remercier, notamment :

(1) l'Université du Burundi,
(2) l'Université François Rabelais de Tours (France),
(3) le Ministère de l'Education Nationale du Burundi à travers son Bureau des Bourses et Stages,
(4) Monsieur GERVASIO SEMEDO, Maître de Conférence à l'Université de Tours,
(5) Monsieur JACQUES BRASSEUL, Professeur à l'Université de Toulon,
(6) Madame NICOLE GAUTRAS, Professeur à l'Université de Tours,
(7) Monsieur RAMON VERRIER, Professeur à l'Université de Tours,
(8) Monsieur CLAUDE MATHIEU, Professeur à l'Université Paris 12,
(9) Monsieur AMAND SINDIHEBURA et toute sa famille,
(10) Monsieur DEO NGENDAKUMANA et toute sa famille,
(11) Tous nos proches amis

Plus spécialement nous remercions vivement notre chère famille à savoir notre épouse Madame CARITAS NASASAGARE et notre fille A.SEVINE JURU, tout en leur dédiant le présent ouvrage.

Dr BARARUZUNZA Ferdinand

0. Introduction générale

0.1. Problématique du sujet, objectif et hypothèses de travail

Les controverses sur la performance et le rôle des politiques économiques s'articulent autour de deux principaux groupes d'arguments.

Selon les keynésiens, les problèmes économiques comme le chômage et la récession ont pour origine l'insuffisance de la demande effective. Toute politique économique doit donc viser comme objectif intermédiaire l'accroissement de la consommation des ménages et, par un processus incitatif, l'investissement des entreprises. A partir de ce moment, le seul problème à résoudre concerne l'appréciation de l'impact des instruments budgétaires et des instruments monétaires sur la production nationale. Plus précisément, la politique budgétaire est préférable comme base du *policy mix* dans la situation où les agents économiques ont une préférence pour la liquidité. Dans ces conditions, elle a un avantage comparatif sur la politique monétaire, et les décisions sur l'offre de monnaie exogène sont considérées comme des mesures d'accompagnement. Tout repose sur la stabilité de la fonction de consommation et l'ampleur du multiplicateur des dépenses publiques.

Cependant, pour les auteurs favorables au libre jeu du marché, les facteurs de la consommation des ménages sont multiples, le revenu courant occupant une place négligeable et aléatoire. Dès lors, les politiques de déficits pourraient se traduire par des effets néfastes comme l'inflation, la baisse de la production et le chômage. Partant du principe de la rationalité des agents (ménages et entreprises), les mécanismes économiques suffisent pour stabiliser l'économie. Ainsi, toute politique budgétaire ou monétaire discrétionnaire est vouée à l'échec. Néanmoins, les politiques de règle et préannoncées par lesquelles le gouvernement augmenterait ou diminuerait les dépenses publiques ou l'offre exogène de monnaie à un taux constant de la production nationale ne sont pas nuisibles aux intérêts des agents.

Ces deux paradigmes contre et pour l'intervention de l'Etat ont influencé les choix économiques dans les pays de l'Afrique subsaharienne.

Les années 1960 et 1970 correspondent à des politiques d'expansion tant budgétaire que monétaire. Les fondements de ces politiques s'articulent autour de trois axes : **(1)** selon la thèse de la dépendance extérieure, les pays de l'ASS (Afrique subsaharienne) avaient besoin d'avoir des industries de substitution aux importations pour préserver leur indépendance économique [Amin (1976)] ; (**2**) d'après le courant réformiste structuraliste [Jespersen (1992)], les économies africaines se caractérisent par des rigidités et des goulets d'étranglement, si bien que les prix ne jouent pas leur rôle de variables d'ajustement économique. Les pouvoirs publics doivent alors intervenir pour réguler l'économie, favoriser les échanges intersectoriels, prendre en compte les externalités, etc. ; (**3**) enfin, le courant post-keynésien [Hugon (2003)] associe le sous-développement au manque d'investissements tant publics que privés dont la cause première est l'insuffisance de la demande effective. De ce fait, la solution à la pauvreté des pays africains est la relance budgétaire.

Les stratégies de développement ont été pendant cette période la croissance et la satisfaction des besoins fondamentaux de la population [Cornia *et alii* (1992)]. Ces politiques volontaristes correspondent à des anticipations conjoncturelles favorables des termes de l'échange entretenues par un climat d'absence de rationnement des demandes de liquidité exprimées par les pays africains sur les marchés internationaux de capitaux. Les Etats africains vont alors s'engager dans des politiques d'investissement surdimensionnées par rapport à leurs besoins et procéder à des recrutements massifs de fonctionnaires tout en sous-estimant les retournements des prix relatifs internationaux. Par la suite, de tels cycles ascendants ont fini par des *atterrissages inattendus* et *brutaux* qualifiés de *syndrome hollandais* [Semedo et Villieu (1997)].

La période suivante (depuis les années 1980 jusqu'en 2000) est dominée par la discipline budgétaire et les restrictions monétaires compatibles avec la politique du libéralisme économique. Ce paradigme se fonde sur trois arguments : (**1**) les distorsions créées par les politiques expansionnistes antérieures et le non-respect de la vérité des prix sont à l'origine de taux d'intérêt réels négatifs, décourageant l'épargne tout en favorisant le choix des projets risqués et l'émergence des marchés parallèles ; elles provoquent également la surévaluation des taux de change et les déficits de la balance commerciale ; (**2**) les non-ajustements ou les retards d'ajustement prenant une grande ampleur en Afrique par rapport aux autres continents sont dus aux rigidités bureaucratiques qui doivent être supprimées ; (**3**) les gouvernements africains sont d'une « qualité douteuse », les fonctionnaires étant assimilés à des *ponctionnaires* [Hugon (2003)].

Les instruments de politique économique préconisés par le FMI et la Banque Mondiale visent alors essentiellement à assurer la flexibilité de l'économie, à briser les rentes et à faire émerger les acteurs innovants, par deux voies : la stabilisation et l'ajustement. La politique de stabilisation cherche à réduire les déséquilibres intérieurs et extérieurs par la flexibilité des taux de change, par la baisse de l'absorption et par le rationnement de l'offre de monnaie. L'ajustement structurel signifie les réformes des marchés et des institutions permettant d'établir les conditions d'une croissance soutenue, et s'appuyant sur la déréglementation et la privatisation.

Il faut mentionner que les PAS sont menés individuellement pays par pays, à des dates différentes quoique rapprochées, mais globalement, les *leaders* des pays africains s'en tiennent au Plan de Lagos [OUA (1980)] validé par la Commission Economique des Nations Unies pour l'Afrique. Les stratégies de développement en vogue sont la lutte contre la pauvreté, l'autosuffisance alimentaire, et le développement auto entretenu.

Cette duplicité entre les politiques nationales pratiquées et le *credo* des politiciens relayé par des théoriciens se comprend dans la mesure où les dirigeants africains dénient toute responsabilité dans le sous-développement de leur continent et s'en réfèrent à des facteurs historiques pour expliquer l'insertion désavantageuse de celui-ci dans les circuits internationaux de production, d'échange et d'investissement. Le diagnostic de la responsabilité étrangère les amène à prôner une politique dite de *collective self reliance* ou de développement autocentré organisée à l'échelle régionale. Le rapport Berg (1981) du développement accéléré au sud du Sahara est alors la contre-proposition exacte du rapport de Lagos et l'idée de coresponsabilité va commencer à mûrir.

Dès lors, la question fondamentale qu'on se pose est de savoir si les gouvernements et les banques centrales ont réussi leur mission de stimuler la croissance par l'une des deux options de politique expansionniste ou de politique restrictive, ou par le dosage des instruments budgétaires et monétaires. D'autres interrogations sont également soulevées : quels sont les obstacles conjoncturels et structurels à la mise en place de telles politiques ?

Est-ce que les institutions, les instruments et les résultats permettent d'entrevoir des solutions aux problèmes de l'ASS ? Notre travail de recherche tente d'apporter des éléments de réponse à ces questions.

Dans la **première partie**, nous nous proposons de mesurer la performance des politiques budgétaires en ASS, et d'en donner l'explication à travers les théories contemporaines existantes et suffisamment renouvelées et leurs vérifications empiriques. D'abord, nous y présentons les contraintes macroéconomiques et l'environnement international qui pèsent sur les choix budgétaires en ASS (**chapitre I**). Ensuite, nous mettons en relief les arguments de la fonction de consommation qui, rappelons-le, est l'un des canaux de transmission de la politique budgétaire (**chapitre II**). Enfin, nous analysons, des points de vue théorique et empirique, les effets des politiques de déficit sur la production aussi bien à court terme qu'à long terme (**chapitre III**).

La **deuxième partie** est consacrée aux facteurs de crédibilité des politiques monétaires et aux modalités de *policy mix* opérationnel, propres aux économies en développement comme celles de l'ASS. Dans un premier temps, nous expliquons les facteurs de crédibilité des systèmes monétaires en ASS (**chapitre IV**). Dans un deuxième temps, nous proposons un modèle de politique monétaire propre aux économies en développement, financièrement réprimées (**chapitre V**). Dans un troisième temps, nous étudions les modalités de *policy mix*, les avantages comparatifs des instruments budgétaires et monétaires, ainsi que les bienfaits d'une stratégie d'intégration monétaire (**chapitre VI).**

Naturellement ce travail se clôture par une série de recommandations de politiques économiques nationales (au niveau agrégé et sectoriel), régionales et africaines. Ces propositions concordent pour la plupart avec les conclusions faites sur l'agenda des questions économiques propres à l'espace africain soulevées notamment par le NEPAD [Semedo (2004)].

0.2. Méthodologie

0.2.1. Démarche scientifique et choix de l'échantillon

Pour bien mettre en évidence l'efficacité de chaque politique, qu'elle soit budgétaire ou monétaire, nous présentons les modèles théoriques d'abord, dans l'intention de les tester ensuite à l'aide des données récoltées sur les économies de différents pays de l'Afrique subsaharienne : Burkina Faso, Côte-d'Ivoire, Nigeria, Sénégal, Burundi, Cameroun, Gabon, Rwanda, Kenya, Ouganda, Tanzanie, Mozambique, Zambie, Zimbabwe, Swaziland.

Le choix de cet échantillon est gouverné par la combinaison de deux critères à savoir celui de région et celui d'appartenance à une union monétaire.

De ce fait, selon le critère de région, le Sénégal, le Burkina Faso, la Côte-d'Ivoire et le Nigeria représentent l'Afrique de l'Ouest. Le Gabon, le Cameroun, le Rwanda et le Burundi représentent l'Afrique centrale. Le Kenya, l'Ouganda, la Tanzanie sont choisis au compte de l'Afrique de l'Est. La Zone australe est représentée dans cet échantillon par le Mozambique, la Zambie, le Zimbabwe et le Swaziland.

Pour le second critère, le Sénégal, le Burkina Faso, la Côte-d'Ivoire, le Gabon et le Cameroun représentent la Zone franc africaine. Les autres pays ont des banques centrales nationales ; leurs monnaies sont rattachées à une devise ou à un panier de devises fortes comme le franc, le dollar et la livre sterling. La liaison monétaire entre les pays de la zone *rand* (la RSA, la Namibie, le Lesotho et le Swaziland) n'est pas assimilable à une union monétaire.

0.2.2. Démarche économétrique

Le point de départ dans toute démarche économétrique est **la spécification du modèle** à estimer : précision des variables purement exogènes (explicatives), des variables endogènes décalées devenant par là exogènes et des variables purement endogènes (expliquées). Comme tests de diagnostic, nous conduisons les tests de fiabilité de l'ajustement et de significativité des paramètres estimés, ainsi que le test de l'autocorrélation des termes d'erreurs.

Face à un groupe de pays dont on veut étudier l'évolution de certaines grandeurs macroéconomiques en corrélation avec les changements de politique économique, nous faisons recours à l'économétrie des panels. Notre objectif est en effet de dégager en même temps le comportement d'ensemble des pays de l'ASS et leurs spécificités individuelles. Pour cela, deux modèles se disputent le pouvoir explicatif à savoir le modèle à effets fixes et le modèle à erreurs composées dit encore modèle à effets aléatoires. Comme différence, les spécificités individuelles proviennent de la décomposition de la constante dans le premier et de la décomposition du terme d'erreur dans le second.

D'habitude, pour déceler le meilleur des deux modèles, on passe par le test de Haussmann ou par celui de Fisher [Sevestre (2002), Dormont (1989)], mais des études ont déjà montré que, lorsque le nombre d'observations est suffisamment élevé, les deux s'équivalent, puisque l'erreur non spécifique aux individus tend vers zéro, de sorte que le terme d'erreur ou la constante soit composé(e) de spécificités individuelles. Ainsi, nous pensons qu'un nombre d'observations égal à 465 (soit $i \times t = 15 \times 31$) est suffisamment grand pour réduire l'erreur non spécifique aux individus. Par ailleurs, les modèles à effets fixes dits encore modèles avec constante individuelle spécifique peuvent être conçus comme un cas particulier du modèle à erreurs composées : celui où l'effet spécifique aléatoire est corrélé avec les variables explicatives du modèle [Dormont (1989)]. Ainsi, dans ce cas particulier, la constante individuelle se retrouverait dans l'effet spécifique aléatoire. De ce fait, nous optons pour le modèle à erreurs composées pour toutes nos estimations.

Enfin, dans le souci de stationnariser les séries , toutes les estimations sont faites avec des variables exprimées en logarithmes, sauf le taux d'intérêt et la variable muette. Partant, les variables sont notées en majuscules lorsqu'elles sont en niveau et en minuscules quand elles sont en logarithmes.

0.2.3. Sources de données

Certaines données sont tirées des *Statistiques Financières Internationales*, ainsi que des *Indicateurs du développement mondial* publiés par la Banque Mondiale. D'autres proviennent des rapports annuels du PNUD, du FMI ou des divers ouvrages et articles déjà publiés. Les statistiques utilisées pour les régressions sont annuelles, déflatées au prix de 1995 et portent sur la période 1970-2000.

Première partie

Performances des politiques budgétaires et croissance en Afrique subsaharienne

Les fondements théoriques de la politique budgétaire se discutent autour de la fonction de consommation. Les partisans de la stabilisation et de la relance budgétaire pensent que le facteur expliquant essentiellement la consommation des ménages est le revenu courant. Ils soutiennent alors que tout accroissement du revenu disponible des agents par une politique de dépenses publiques expansionniste augmente la demande en biens et services sur le marché, ce qui stimule l'investissement de la part des entreprises et la croissance.

Néanmoins, tel n'est pas le point de vue de tous les théoriciens de la politique économique. Justement, les économistes en faveur du libre jeu du marché avancent que la fonction de consommation n'est pas stable. En effet, plusieurs arguments se partagent le pouvoir explicatif de la consommation des ménages, et la valeur de la propension marginale à consommer est en même temps petite et aléatoire. Dans cette logique, il est possible que les accroissements de déficits publics n'aboutissent pas à l'augmentation de la demande globale ou alors que leurs effets inflationnistes puissent dominer les effets d'entraînement.

L'objectif de cette partie est de vérifier les effets des dépenses publiques sur la production et la croissance en Afrique subsaharienne. Dans un premier temps, nous présentons les indicateurs de la politique budgétaire, montrant que les choix budgétaires ont été influencés par l'environnement international et que, à ce titre, on peut remarquer une certaine séquence dans la mise en œuvre des politiques financières en ASS (**chapitre I**).

En deuxième lieu, nous procédons aux tests sur la fonction de consommation (**chapitre II**), car de sa stabilité dépendront les effets multiplicateurs des dépenses publiques.

Enfin, nous en arrivons à la vérification des effets de la politique budgétaire en ASS (**chapitre III**), en vue d'une meilleure appréciation par rapport aux diverses controverses théoriques sur le rôle des politiques de déficits.

Chapitre I

Contraintes macroéconomiques, environnement international et choix budgétaires

La politique budgétaire n'a pas été conduite de façon uniforme des années 1960 à nos jours. Elle a été expansive pendant les deux premières décennies, et restrictive à partir des années 1980. Au niveau des impacts, on se demande si cette séquence des politiques budgétaires se manifeste différemment. Faut-il continuer avec les accroissements ou avec les restrictions budgétaire(s) ?

Dans ce chapitre, nous tentons de répondre à cette question en deux temps : d'abord, nous mettons en relief les déterminants macroéconomiques de ce changement de stratégie (**section I**). Ensuite, nous procédons à la présentation des indicateurs de performance de la politique budgétaire (**section II**) : pour un indicateur donné, on déduit l'effet positif ou négatif des réformes, si l'évolution change de sens à partir des années 1980. De même, au cas où l'évolution reste uniforme sur toute la période, c'est-à-dire jusqu'en 2000, nous tirons la conclusion que les réformes n'ont pas eu d'impacts significatifs.

Section I
Séquence temporelle des politiques budgétaires

Les objectifs intermédiaires de la politique budgétaire ne sont pas restés les mêmes depuis les années 60. Alors que les gouvernements se sont lancés dans de vastes programmes budgétaires expansifs notamment d'investissements publics directement productifs durant les deux premières décennies, les Institutions de Breton Woods ont proposé, dès le début des années 80 et suite à la crise d'endettement, des programmes de stabilisation et d'ajustement structurel compatibles avec une politique budgétaire restrictive.

Pour expliquer ces retournements stratégiques, il convient de rappeler tout d'abord les performances macroéconomiques des pays de l'ASS juste après les indépendances (**I.1**) puis de recenser les chocs qui sont à l'origine des perturbations significatives reflétées dans les déficits financiers subis par ces pays dans les années 80, impliquant des réformes (**I.2**).

I.1. Le développement pendant les années 60 et 70

Bien qu'il soit aujourd'hui à la mode de suggérer que les problèmes économiques de l'Afrique subsaharienne ont commencé avec l'indépendance, l'économie africaine a eu globalement de bons résultats pendant les années 60 et 70. Le PIB et les exportations ont augmenté à un rythme comparable à celui des autres grandes régions en développement [Jespersen, (1992)] comme l'indique le **tableau 1**.

Tableau 1. Position de l'Afrique subsaharienne par rapport aux autres régions en développement : taux de croissance de la population, du PIB, de la production agricole, de la production industrielle et des exportations

	Population		PIB		Agriculture		Industrie		Exportations	
	65-73	73-80	65-73	73-80	65-73	73-80	65-73	73-80	65-73	73-80
Pays à bas revenu	2.6	2.7	6.0	2.8	2.2	0.0	10.7	10.2	16.9	-0.6
Pays avec revenu moyen	2.8	3.3	5.2	1.4	2.2	-1.7	-	2.5	7.2	3.8
Total ASS	2.6	2.8	5.9	2.5	2.2	-0.3	10.1	8.2	15.1	0.2
Asie du Sud	2.4	2.4	3.7	4.3	3.4	2.4	4.1	5.2	-0.7	7.8

Source : Banque mondiale (1989a)

La production manufacturière a augmenté à un rythme soutenu quoique à partir de niveaux très bas et dans des secteurs qui utilisent des technologies relativement peu sophistiquées comme la transformation des denrées alimentaires, les textiles, les matériaux de construction et d'autres biens de consommation courante. Cet effort de production s'est accompagné d'une mobilisation importante de l'épargne intérieure et des ressources étrangères, ce qui a poussé le taux global d'investissement de 14% en 1965 à 20% en 1980 [Banque mondiale (1989a)], et favorisé les exportations et les termes de l'échange.
Des progrès similaires ont été enregistrés dans l'enseignement primaire et l'alphabétisation des adultes et, à un moindre degré, dans les soins médicaux [Jespersen, (1992)].

Par contre, les résultats obtenus dans la production agricole et surtout pour les cultures vivrières traditionnelles sont manifestement inquiétants. Déjà pendant les années 60, la production de ces dernières progressait plus lentement que la population dont le taux de croissance est passé de 2.4 dans les années 60 à 2.9 dans les années 70, et à 3.1 dans les années 80. Les résultats médiocres de l'agriculture ont ainsi été responsables de la stagnation des exportations des produits agricoles pendant la deuxième moitié des années 70, et ont été l'un des principaux facteurs de la hausse rapide de la dette extérieure à long terme de l'Afrique [Banque mondiale (1989a)].

Toutefois, les résultats globalement assez positifs de l'économie africaine jusqu'en 1973 et, à certains égards, entre 1976 et 1978 (c'est-à-dire pendant les années caractérisées, dans leur ensemble, par une expansion rapide du commerce mondial, par des conditions favorables d'emprunt et des termes de l'échange généralement favorables pour la majorité des pays) ne devraient pas faire conclure que ce développement avait réduit les faiblesses structurelles telles que les termes d'échanges déséquilibrés, une agriculture désespérément extensive, une base industrielle étroite et des ressources humaines peu développées qui affligeaient l'économie africaine au moment de l'indépendance. Ces résultats ne devraient pas faire croire non plus que le développement ait rendu ladite économie plus résistante aux variations de l'environnement international et aux aléas des conditions climatiques. De fait, malgré des progrès dans de nombreux domaines, l'économie africaine était en 1980 aussi largement dépendante, vulnérable et fondée sur la mono-exportation qu'elle l'était en 1960.

A ce propos, on observe un manque de dynamisme des classes dressées [Hugon et Géronimi (1995)] en termes de pays à spécialisation pétrolière, pays à spécialisation minière et pays à spécialisation agricole. Les pays à spécialisation pétrolière sont restés le Congo, le Gabon et le Nigeria. Les pays à spécialisation minière demeurent le Botswana, la Mauritanie, le Liberia, le Niger, le Togo, la RDC, la Zambie et la Sierra Leone. Les pays à spécialisation agricole sont le Bénin, le Burundi, le Burkina Faso, le Cameroun, la Côte-d'Ivoire, la RCA, l'Ethiopie, la Gambie, le Ghana, le Kenya, le Lesotho, Madagascar, le Malawi, le Mali, l'île Maurice, l'Ouganda, le Rwanda, le Sénégal, la Somalie, le Swaziland et la Tanzanie. Néanmoins, cette typologie mérite une certaine précision : Dans les pays à spécialisation agricole, il y a moyen de faire la distinction entre les pays à spécialisation purement agricole comme le Burundi, le Rwanda, le Burkina Faso… et les pays à spécialisation multiple comme le Cameroun, la Côte-d'Ivoire, le Sénégal, le Kenya, l'Ouganda qui disposent d'un gisement pétrolier ou minier important.

En outre, la croissance propulsée par la dette entre 1974 et 1980 a aussi rendu l'Afrique subsaharienne aux variations des taux d'intérêt et des conditions d'emprunt de la dette extérieure.

I.2. Chocs exogènes, réformes des années 80 et leurs conséquences sur le développement

Au début des années 80 les économies africaines ont été frappées par une série de puissants chocs externes liés à la crise pétrolière et à la récession qui en a résulté dans les pays industrialisés. Ainsi : (1) le volume du commerce mondial qui avait augmenté de 5.7 % par an pendant les précédentes décennies a stagné à partir du début des années 80, (2) les taux d'intérêt nominaux sur la dette extérieure se sont envolés jusqu'à des niveaux records de 18-20 % dès 1980, (3) en raison de la crise de la dette de 1982, les afflux bruts de capitaux ont fortement baissé après 1983, (4) avec la chute brutale des prix des produits de base

et la hausse des prix des produits manufacturés, les termes de l'échange de l'Afrique se sont globalement dégradés de 7 % entre 1981 et 1983 [FMI, 1989a)].
Pour un résumé saillant de ce dernier résultat, **le tableau 2** portant sur l'évolution des termes de l'échange donne des informations suffisamment parlantes.

Tableau 2. Indices des termes de l'échange par groupes de pays africains, base 1975=100

année	1960	61	65	70	71	72	73	74	75	76	77	78	79	80	81
Pays pétroliers	38	38	35	33	38	37	41	101	100	106	106	95	114	170	170
Pays agricoles ou miniers	104	99	101	111	106	106	108	109	100	98	107	99	91	80	68.4

Source: CNUCED, 1983, *Handbook of International Trade and Statistics.*

L'indice des termes de l'échange s'est détérioré pour l'ensemble des pays africains, bien qu'il se soit amélioré pour les pays pétroliers. Cela s'explique par le fait que la plupart des pays de l'ASS sont essentiellement agricoles et mono-exportateurs de produits de base.

Ces chocs ont eu des conséquences néfastes sur l'inflation, le déficit de l'Etat et le solde du compte courant dans la plus grande partie d'Afrique subsaharienne. Au départ, alors qu'on ne voyait dans ces problèmes macroéconomiques que des symptômes d'une crise de paiements due à une dégradation passagère des termes de l'échange, il a été mis en place, dans un grand nombre de pays, des programmes de stabilisation soutenus par le FMI. Plus tard, quand il est devenu clair que la crise avait des racines profondes, les efforts de stabilisation ont été complétés par divers programmes d'ajustement structurel et sectoriel parrainés par la Banque Mondiale. Pour les divers pays de notre échantillon, le **tableau 3** suivant donne les dates auxquelles commencent effectivement les réformes structurelles.

Tableau 3. Dates de réformes en ASS

Pays	Année de lancement du premier programme	Pays	Année de lancement du premier programme
Burundi	1986	Nigeria	1983
Burkina Faso	1981	Ouganda	1980
Rwanda	1986	Sénégal	1980
Cameroun	1988	Tanzanie	1980
Côte-d'Ivoire	1981	Zambie	1981
Gabon	1980	Zimbabwe	1981
Kenya	1980	Swaziland	1982
Mozambique	1987		

Source : Bulletin du FMI et Banque Mondiale (1990a).

La plupart de ces pays ont mis en œuvre des réformes notamment au niveau de la libéralisation des prix des marchandises, de l'audit et du contrôle de gestion des entreprises publiques et même de la dénationalisation de certaines entreprises publiques (**tableaux 4 et 5**).

Tous les pays ont pratiqué la libéralisation des prix, à l'exception du Burkina Faso et du Mozambique. Au niveau de l'audit des entreprises publiques, le Burkina Faso, le Rwanda et le Swaziland ont préféré le statu quo. Dans les autres pays, certaines entreprises ont été auditées et les autres firmes sont restées sous le régime purement discrétionnaire.

On constate donc que les pays de l'Afrique subsaharienne se sont véritablement engagés dans la libéralisation des prix, mais timidement dans l'audit et le contrôle de gestion des entreprises publiques (**voir tableaux 4 & 5**).

Tableau 4. Libéralisation des prix des marchandises et audit des entreprises publiques

Pays	Contrôle des prix des marchandises		Audit financier des entreprises publiques
	Avant réformes	Fin 1992	
Burkina F.	•	•	*
Burundi	•	°	***
Cameroun	•	°	**
C.Ivoire	•	°	**
Gabon	•	°	**
Nigeria	•	°	**
Mozambique	•	•	**
Ouganda	•	°	*
Rwanda	•	°	*
Sénégal	•	°	**
Swaziland	•	°	*
Tanzanie	•	°	**
Zambie	•	°	**
Zimbabwe	•	°	**

Source : Jones C.W. *et alii* (1994).

Note: (•) : contrôle étendu, (°) : pas de contrôle.

(*) : Pas d'audits annuels réguliers. (**) : Certaines entreprises sont auditées.

(***) : De nombreuses entreprises sont régulièrement auditées.

Tableau 5. Taux de dénationalisation des entreprises publiques

Burkina F.	0 - 10	Ouganda	0 - 10
Burundi	11 - 25	Rwanda	0 - 10
Cameroun	0 - 10	Sénégal	41 - 60

C.Ivoire	0 - 10	Swaziland	11 - 25
Gabon	0 - 10	Tanzanie	41 - 60
Nigeria	11 - 25	Zambie	0 - 10
Kenya	11-25	Zimbabwe	0 - 10
Mozambique	11 - 25		

Source : Jones C.W. *et alii* (1994).

Il est clair que l'engagement dans la privatisation a été encore plus timide. Le peu d'entreprises publiques qui ont été privatisées sont essentiellement de petites unités généralement en faillite ou sans envergure en terme de chiffres d'affaires; les entreprises concernées sont celles qui représentent moins d'enjeux politiques. Les industries à haute valeur ajoutée sont restées aux mains du gouvernement comme instrument du pouvoir politique. La réussite des efforts d'ajustement entrepris dans les années 80 et, plus généralement, les résultats économiques et sociaux peuvent être appréciés de plusieurs points de vue intimement liés, dont les plus habituels sont (**1**) la stabilisation des déséquilibres macroéconomiques, (**2**) l'élimination des goulets d'étranglement structurels, (**3**) le maintien de la croissance économique. Comme nous l'avons précisé dans l'introduction du chapitre, l'impact réel des réformes se manifeste au niveau de la politique budgétaire, si l'évolution de ses indicateurs subit un changement significatif à partir des années 1980.

Section II
Analyse des indicateurs de performance de la politique budgétaire

Les indicateurs de performance de la politique budgétaire sont variés, mais nous allons présenter les principaux en les regroupant par rapport à quatre critères à savoir le critère d'équilibre interne (**II.1**) le critère d'équilibre externe (**II.2**). L'étude des effets de la politique budgétaire peut donc se conduire en suivant deux pistes principales, mais il faut garder à l'esprit l'existence des effets combinés, d'où l'introduction de deux autres voies, à savoir celle de la solvabilité de la dette publique (**II.3**) et celle des indicateurs sociaux (**II.4**).

II.1. Indicateurs d'équilibre interne

Dans la catégorie des indicateurs d'équilibre interne, nous allons développer l'évolution des dépenses publiques, des recettes fiscales, ainsi que de la production nationale.
Pour les dépenses publiques, elles ont évolué selon des politiques de *stop and go*, c'est-à-dire en suivant des cycles politico-économiques alternatifs de relance budgétaire et de stabilisation. C'est pourquoi elles augmentent de 1970 à 1980 (passant de 0,213 à 1,12 milliard de dollars en moyenne), chutent entre 1980 et 1985 (passant de 1,12 à 0,774 milliard de dollars en moyenne), remontent entre 1985 et 1990, chutent encore une fois entre 1990 et 1995, et remontent enfin entre 1995 et 2000 (**voir tableau 6**). En moyenne, la durée de chaque cycle semble se situer autour de cinq ans, ce qui correspond à la durée des mandats politiques ou des plans de développement économique.

Tableau 6. Evolution des dépenses publiques en millions de dollars américains

	1970	1975	1980	1985	1990	1995	2000
Burkina F	31,7	121	178	187	412	368	331
Burundi	23,7	48,6	84,8	90,1	122	135	89,6
Cameroun	139	300	654	733	142	687	904
C. Ivoire	197	662	1720	983	181	1190	931
Gabon	63,4	264	566	682	798	699	494
Kenya	261	597	1440	107	1600	1340	1870
Mozamb.	321	375	428	540	286	180	433
Nigeria	1030	3500	7760	3840	430	3120	843
Rwanda	19,2	94,6	145	193	262	145	219
Sénégal	117	263	606	433	837	553	455
Swaziland	15,3	49,8	111	79,2	148	257	302
Tanzanie	241	325	472	589	757	606	592
Ouganda	249	374	444	510	323	565	653
Zambie	278	654	991	537	626	435	309

Zimbabwe	207	527	1240	1140	1710	1280	1790
moyenne	213	544	1120	774	1030	771	1190

Source: Tableau construit à partir des *Indicateurs de développement mondial*, Banque mondiale, CD-Rom 2002.

Cette séquence des dépenses budgétaires est bien entendu indépendante des recettes fiscales surtout indirectes et du revenu national, car les recettes de l'Etat n'ont pas augmenté et la production a varié avec de faibles taux de croissance (**tableaux 7, 8, 9, 10**).

Il en résulte alors que, dans les pays de l'ASS en général, les dépenses publiques sont à une grande échelle financées par emprunt et par création monétaire. Ainsi, les programmes de dépenses sont au moins en partie une cause significative de l'inflation, à côté des facteurs monétaires développés dans la deuxième partie de ce travail.

En outre, il est impératif de souligner que la plus grande part de ces dépenses est constituée de dépenses de fonctionnement, et plus particulièrement de dépenses militaires, à des degrés différents, en fonction de la stabilité politique des pays. Or, dans les pays en développement qui ne fabriquent pas localement les armes, les dépenses militaires sont improductives. Plus elles sont élevées, plus le multiplicateur des dépenses publiques est petit.

Enfin, rappelons que ces dépenses restent insuffisantes face à l'accroissement des besoins sociaux qui dépendent de la démographie ou de la technologie.

Tableau 7. Impôts indirects nets en millions de dollars américains

	1970	1975	1980	1985	1990	1995	2000
Burkina Faso	11,6	41,5	59,2	422	84,4	49,3	33,0
Burundi	18,2	2,80	69,1	104	97,7	127	75,1
Cameroun	18,7	89,9	559	370	263	199	251
Côte-d'Ivoire	302	69	1640	939	1370	1290	918
Gabon	48,6	149	264	234	199	222	258
Kenya	150	380	1070	753	1220	139	1530

Mozambique	189	245	303	126	200	189	369
Nigeria	952	431	2210	388	302	242	1360
Rwanda	15,2	35,0	89,0	146	50,9	7160	121
Sénégal	98,3	209	333	237	444	457	443
Swaziland	10,2	70,6	124	64,2	149	256	441
Tanzanie	115	170	240	292	362	389	702
Ouganda	218	315	4,60	291	251	477	461
Zambie	151	205	280	230	383	416	274
Zimbabwe	74,3	105	264	484	877	827	879
moyenne	157	206	501	304	417	440	541

Source: Tableau construit à partir des *Indicateurs de développement mondial*, BM. CD-Rom 2002.

Les impôts indirects constituent l'essentiel des recettes fiscales des pays en développement. Une grande partie des transactions de biens et services se fait sur le marché parallèle et échappe au contrôle fiscal. C'est ainsi que la part de telles ressources dépasse rarement 30% du PIB (**tableau 8**). De même, le commerce international ayant de faibles performances (gamme restreinte de produits locaux échangeables sur le marché international, faible compétitivité des produits localement échangeables, etc.), les recettes issues de cette voie sont aussi moins significatives et oscillent autour de 30% du PIB (**tableau 10**). C'est aussi à cette valeur que semble se stabiliser la part des impôts sur les revenus (**tableau 11**).

Remarquons une fois de plus que la plupart des produits imposés sont fabriqués par des entreprises publiques ou mixtes, et cela a des retombées importantes sur l'utilité de certains impôts indirects. En effet, certaines entreprises publiques trouvent toujours des voies pour transformer leurs redevances fiscales en dépenses que l'Etat aurait pu engager à des fins plus utiles.

Tableau 8. Taxes de transactions sur les biens et services en % du PIB

	1970	1975	1980	1985	1990	1995	2000
Burkina Faso	13,3	19,8	15,9	14,2	29,6	20,5	19,8
Burundi	14,4	20,6	25,3	19,6	15,7	40,5	35,6
Cameroun	10,4	19,3	18,0	10,9	20,6	25,1	21,1
Côte-d'Ivoire	17,7	11,6	24,8	19,6	27,3	14,8	11,5
Gabon	24,5	48,5	47,7	64,9	22,7	30,2	27,5
Kenya	22,2	34,9	38,8	38,4	43,2	38,1	35,0
Mozambique	17,1	14,2	18,9	25,4	18,8	20,8	32,2
Nigeria	11,8	13,1	45,4	66,3	41,9	38,8	42,5
Rwanda	10,8	14,1	19,3	28,1	33,9	32,4	27,8
Sénégal	23,4	20,2	26,0	22,2	36,6	41,5	36,6
Swaziland	24,5	31,3	17,3	66,0	11,2	18,7	13,7
Tanzanie	45,8	38,5	40,8	57,4	64,1	55,5	31,9
Ouganda	45,3	39,1	41,0	24,3	18,5	46,9	61,7
Zambie	45,0	34,9	43,1	40,3	35,9	56,7	42,3
Zimbabwe	14,7	25,3	27,9	30,6	26,2	24,8	19,7
moyenne	22,7	20,1	26,1	23,4	29,7	33,7	30,6

Source : Tableau construit à partir des *Indicateurs de développement mondial*, Banque Mondiale, CD-Rom 2002.

Comme nous l'avons déjà mentionné, une grande partie des échanges locaux relève du secteur informel. Rappelons que, dans la majorité des pays de l'ASS, l'agriculture de subsistance représente plus de 50% de la production nationale. Les ménages ruraux produisent pour l'autoconsommation et vendent des biens agricoles juste pour se procurer les compléments alimentaires qu'ils ne fabriquent pas. Il s'agit de chiffres d'affaires en dessous du minimum imposable. Les biens officiellement échangeables sont souvent les produits agricoles offerts par quelques exploitations de type moderne, les articles artisanaux ou manufacturés locaux, ou alors des articles importés. Dans tous les cas, les taxes sur les transactions restent tributaires du volume de transactions, qui dépend du revenu des agents. A partir du moment où « plus de 80 % des ménages des pays africains vivent en dessous du seuil de pauvreté, c'est-à-dire avec un revenu de moins de 2 $ par jour et une dépense journalière de moins de 1$ par jour » [Gore *et alii* (2002)], on comprend que l'assiette fiscale des pays en question est très petite. Le comportement des autorités fiscales face à la contrainte budgétaire est alors de surtaxer les agents. C'est ainsi par exemple que les taxes de transaction en pourcentage du PIB évoluent de 22 % en 1970 à 30 % en 2000. De là apparaît une solution au problème de financement des dépenses publiques. A ce propos, en comparant les ratios des dépenses publiques et des taxes de transactions (**tableau 8**), on se rend compte que les recettes fiscales permettent de financer les dépenses publiques courantes.

Tableau 9. Evolution des dépenses publiques courantes et des taxes de transactions en pourcentage du PIB

Année	1970	1975	1980	1985	1990	1995	2000
(G/PIB)*100	8,06	14,16	14,17	14,52	15,28	12,27	15,59
(TT/PIB)*100	22,7	20,1	26,1	23,4	29,7	33,7	30,6

Source: Tableau construit à partir des *Indicateurs de développement mondial*, Banque mondiale, CD-Rom 2002.

Depuis 1970, le ratio des dépenses publiques courantes reste inférieur à celui des taxes de transaction. Cela voudrait dire que le surendettement des pays africains vient essentiellement des programmes d'investissement publics, surtout à travers les entreprises publiques à caractère industriel, dont le but initial était de promouvoir les exportations et de substituer certaines importations par des produits locaux. A part les valeurs ajoutées directes de ces investissements publics, les autorités budgétaires s'attendaient à une grande ouverture sur le commerce mondial et ce faisant à une augmentation des recettes sur le commerce international. Effectivement, comme le montre le **tableau 10**, le ratio de ces recettes s'est relativement amélioré depuis 1970.

Tableau 10. Taxes sur le commerce international en % du PIB

	1970	1975	1980	1985	1990	1995	2000
Burkina Faso	42,0	50,1	43,7	34,8	32,9	35,4	38,0
Burundi	25,4	36,6	40,4	35,5	31,5	26,3	34,5

Cameroun	37,0	47,0	38,4	15,2	14,4	27,6	26,5
Côte-d'Ivoire	23,0	31,0	42,8	39,9	29,1	60,2	55,0
Gabon	18,7	22,5	19,7	16,2	17,8	16,4	15,2
Kenya	14,5	19,4	18,5	19,0	16,1	15,4	13,5
Mozambique	12,2	14,5	15,7	12,0	10,5	14,0	18,4
Nigeria	15,3	14,4	11,1	11,7	12,0	13,5	16,5
Rwanda	14,5	51,5	42,4	37,5	25,7	34,5	42,6
Sénégal	43,4	35,8	34,2	35,6	38,5	35,0	40,2
Swaziland	35,0	60,0	67,4	58,8	47,2	47,0	51,9
Tanzanie	11,0	18,8	17,3	85,9	54,5	56,5	65,0
Ouganda	34,5	47,0	44,3	69,6	58,9	42,1	10,1
Zambie	5,40	8,51	8,31	22,6	35,0	38,6	42,,0
Zimbabwe	37,0	35,8	44,0	15,6	17,4	18,8	22,5
moyenne	27,8	32,9	29,9	28,8	29,4	32,1	32,8

Source: Tableau construit à partir des *Indicateurs de développement mondial*, Banque mondiale, CD-Rom 2002.

Les taxes sur le commerce international sont constituées des droits d'entrée et de sortie des articles respectivement importés et exportés. Le volume des exportations dépend de beaucoup de facteurs, notamment la gamme et donc la diversité des produits internationalement échangeables, leur compétitivité, les facilités de transport international, et de la demande internationale qui n'est pas maîtrisable. Les pays de l'ASS ont une spécialisation primaire. Ils exportent un ou deux produit(s) agricole(s) ou minier(s). De même, la compétitivité passe par la maîtrise des coûts de production et une technologie adaptée pour garantir la qualité des offres des produits que n'ont pas les pays en question. C'est pourquoi le volume des exportations est de niveau bas en ASS. Les importations dépendent du revenu national et de la répartition de ce revenu, du prix des importations en monnaie nationale. Or, le revenu national des pays africains est non seulement faible, mais aussi mal réparti. Une petite classe militaro-politique détient le gros des revenus et ces derniers sont souvent domiciliés dans les banques occidentales. C'est là une fuite par rapport à la capacité d'importation des pays en question. Ainsi, à cause de la faiblesse des importations et des exportations, l'assiette fiscale sur le commerce international est aussi petite. Il en va de même pour les impôts sur les revenus (**tableau 11**).

Tableau 11. Impôts sur les revenus, profits et dividendes en % du revenu courant

	1970	1975	1980	1985	1990	1995	2000
Burkina Faso	15,0	17,8	17,8	12,7	22,9	20,3	31,5
Burundi	18,7	21,4	19,3	18,1	24,5	18,8	21,4
Cameroun	13,5	14,9	21,7	57,2	17,5	17,0	20,8
Côte-d'Ivoire	12,0	14,5	13,0	16,0	16,4	15,7	19,7
Gabon	17,8	39,4	39,9	44,2	24,4	24,5	31,8
Kenya	24,7	35,2	29,1	29,8	29,7	36,0	31,9
Mozambique	17,8	15,8	20,1	32,4	27,8	18,7	20,5
Nigeria	44,0	71,9	51,4	50,5	61,5	56,5	45,8
Rwanda	12,2	15,9	17,8	21,2	17,5	19,8	25,5
Sénégal	18,7	23,5	18,4	21,4	25,4	30,7	27,1
Swaziland	34,5	30,1	24,0	25,6	29,8	34,5	25,0
Tanzanie	31,1	26,1	32,5	25,8	30,4	27,8	25 ,0
Ouganda	78,9	8,64	11,5	60,2	68,8	56,6	1,66
Zambie	29,9	43,0	38,1	28,5	34,4	23,5	23,3
Zimbabwe	24,4	30,5	46,2	42,8	44,7	40,1	54,4
moyenne	26,2	27,2	26,7	28,8	31,7	13,8	28,1

Source: Tableau construit à partir des *Indicateurs de développement mondial*, Banque Mondiale, CD-Rom 2002.

Les impôts sur les revenus, profits et dividendes sont de niveau très bas parce que la production nationale, les chiffres d'affaires des entreprises et le revenu national sont également critiques. L'évolution du PIB courant (**tableau 12**) traduit cette réalité.

Tableau 12. Evolution du PIB courant en milliards de dollars américains

	1970	1975	1980	1985	1990	1995	2000
Burkina F	0,404	0,833	1,71	1,43	2,76	2,18	2,19
Burundi	0,243	0,421	0,920	1,15	1,13	1,00	6,89
Cameroun	1,16	2,75	6,74	8,15	11,20	7,97	8,88
C.-d'Ivoire	1,45	3,89	10,2	6,98	10,80	9,99	9,37
Gabon	0,322	2,16	4,28	3,34	5,95	4,96	4,93
Kenya	1,60	3,26	7,27	6,13	8,53	9,05	10,40
Mozam-bique	2,22	2,80	3,53	4,46	2,46	2,31	3,75
Nigeria	24,9	27,8	64,2	28,4	28,5	28,1	41,1
Rwanda	0,220	0,568	1,16	1,72	2,58	1,29	1,79
Sénégal	0,870	1,91	2,99	2,58	5,70	4,48	4,37
Swaziland	0,113	0,289	5,82	3,58	8,42	1,30	1,48
Tanzanie	1,47	2,65	3,15	3,78	4,26	5,26	9,03
Ouganda	0,910	1,43	1,24	3,52	4,30	5,76	6,17
Zambie	1,79	2,44	3,88	2,25	3,29	3,47	2,91
Zimbabwe	1,88	4,37	6,68	5,64	8,78	7,12	7,39
moyenne	2,64	3,84	7,90	5,33	6,74	6,28	7,63

Source: Tableau construit à partir des *Indicateurs de développement mondial*, Banque Mondiale, CD-Rom 2002.

Ces statistiques montrent que, en moyenne, le PIB augmente de 2,6 milliards à 7,9 milliards entre 1970 et 1980, baisse de 7,9 milliards à 5,33 milliards entre 1980 et 1985, remonte à 6,74 milliards en 1990, redescend en 1995 pour remonter enfin en 2000. On remarque de ce fait une certaine similitude entre les fluctuations des dépenses publiques et celles du revenu selon des cycles de cinq ans environ. A ce niveau, on ne peut pas cerner les effets spécifiques des réformes amorcées depuis les années 1980, car le PIB varie plutôt en fonction d'autres facteurs liés aux cycles politico-économiques. Il faut noter que le raisonnement à la moyenne emprunté ici ne fait pas perdre l'idée qu'il existe de grands écarts entre pays. Sur ce point, les pays à haut niveau de revenu sont le Nigeria, le Cameroun, la Côte-d'Ivoire, le Sénégal, la Tanzanie et l'Ouganda.

Cependant, les hauts niveaux de PIB de ces pays ne traduisent pas forcément le développement et le bien-être des populations. Ils sont parfois liés à la dimension géographique et au nombre de personnes actives dans les économies en question. C'est pourquoi il est nécessaire de jeter un regard sur l'évolution du taux de croissance de la production (**tableau 13**).

Tableau 13. Evolution du taux de croissance du PIB

	1970	1975	1980	1985	1990	1995	2000
Burkina Faso	0,117	3,00	0,797	8,52	-1,52	4,54	2,15
Burundi	21,3	69,8	0,991	11,8	3,50	-7,27	-0,90
Cameroun	3,09	11,2	-1,97	8,06	-6,11	3,30	4,20
Côte-d'Ivoire	10,4	8,25	-11,0	4,50	-1,10	6,95	-2,30
Gabon	8,68	19,2	2,55	-2,33	5,19	6,96	2,00
Kenya	-4,66	0,882	5,59	4,30	4,19	4,41	-0,24
Mozambique	87,0	1,23	1,08	1,00	1,00	4,30	1,60
Nigeria	250	-5,23	4,20	9,70	8,20	2,50	3,78
Rwanda	6,00	-2,11	8,95	4,40	-2,40	3,44	5,60
Sénégal	8,56	7,54	-3,31	3,80	3,89	5,23	5,60
Swaziland	1,78	13,9	10,7	4,35	7,16	3,68	2,55
Tanzanie	3,41	3,79	4,58	5,41	7,05	3,57	5,07
Ouganda	2,45	-1,15	-2,16	-3,31	6,47	11,5	3,50
Zambie	4,80	-2,27	3,04	1,62	-0,481	-2,49	3,47
Zimbabwe	22,6	-1,93	14,4	6,94	6,99	0,158	-4,88
moyenne	7,63	3,80	2,56	4,58	2,80	5,45	2,08

Source: Tableau construit à partir des *Indicateurs de développement mondial*, Banque mondiale, CD-Rom 2002.

En termes de taux de croissance, certains pays disparaissent du rang de leader. Les pays qui parviennent à conserver les plus hauts taux de croissance sont le Sénégal et la Tanzanie. En moyenne, le taux de croissance évolue en dents de scie et semble se stabiliser autour de 3,5 %.

Il faut aussi rappeler qu'il existe de fortes disparités entre les revenus du secteur urbain (formel) et ceux du secteur rural, en général informel.

Premièrement, malgré l'accent mis sur l'industrialisation pendant les années 60 et 70, l'emploi salarié du secteur formel représentait moins de 10% de la nombreuse population active de la région qui, au début des années 80, comptait plus de 130 millions de personnes, tandis que l'industrie manufacturière comptait pour moins de 20% dans l'emploi salarié du secteur formel. Dans la plupart des pays, l'imposition d'une libéralisation rapide des importations a sapé des industries locales potentiellement viables. On ne leur a guère donné le temps de s'ajuster malgré les conditions défavorables auxquelles, en comparaison des sociétés étrangères, elles étaient confrontées : manque d'infrastructures suffisantes, crédit limité de la part des systèmes financiers à faibles capacités.

En conséquence, beaucoup d'emplois ont été directement perdus. Il faut noter à ce propos que plus de 50% de l'industrie étaient jusqu'alors étatiques. La chute de l'emploi public s'est matérialisée par les gels de recrutements, les préretraites, la compression du personnel existant, la suspension des recrutements automatiques des universitaires [ONU, (1990)]. Au départ, les licenciements ont touché les travailleurs les moins payés comme les chauffeurs, le personnel de nettoyage, les gardiens, les secrétaires, les employés administratifs et les enseignants ruraux non qualifiés [Tinguiri, (1991)].

Le plus souvent les diminutions de l'emploi public n'ont jamais été compensées par des accroissements d'emplois du secteur privé. Bien au contraire, la privatisation qui s'en est suivie s'est soldée par de nouveaux licenciements. De même, les salaires réels ont baissé.

La baisse des salaires réels a été délibérée et visait à diminuer les coûts de main-d'œuvre, à contenir les déficits budgétaires et à accroître la compétitivité, la production et l'emploi. Mais rien de ces objectifs initiaux n'a été réalisé. Pratiquement partout les traitements et les salaires sont tombés, depuis les années 1980, en dessous du salaire réel minimal, de sorte que les travailleurs et fonctionnaires du secteur formel ne pouvaient plus faire vivre leurs familles avec les revenus tirés de ce secteur : [Chew (1990), Banque Mondiale (1989b)].

Cependant, la masse salariale n'a pas baissé autant que prévu, parce que les fonctionnaires ont eu de plus en plus recours à un usage frauduleux des promotions et des gratifications pour stabiliser leurs salaires réels (pour les hauts fonctionnaires politiquement bien placés). Les baisses de salaires réels ont démoralisé les employés du secteur public qui se sont livrés à des activités indépendantes supplémentaires payées. La baisse des salaires réels a donc eu des conséquences très négatives sur le secteur public, dont l'efficience a diminué au moment où on lui demandait de mettre en œuvre des mesures de stabilisation et d'ajustement structurel et d'améliorer la gestion. Le travailleurs qualifiés ont souvent choisi l'option d'émigrer et la plupart des étudiants africains en formation dans des universités étrangères ne sont pas retournés chez eux [Yiman (1990)].

Deuxièmement, en ce qui concerne les activités informelles, on constate que les revenus agricoles ont moins baissé en moyenne par rapport aux revenus urbains. L'amélioration des termes de l'échange de l'agriculture, et en particulier des cultures d'exportation, qui a résulté des programmes d'ajustement, a abouti réellement à une hausse des revenus réels des ménages ruraux [Jamal et Weeks (1988)]. Toutefois, d'autres aspects de l'ajustement défavorables aux petits exploitants sont observables : crédit resserré et plus cher, corruption des agents de vulgarisation agricole, etc. Les grands exploitants producteurs des cultures commerciales ont été les principaux bénéficiaires de l'amélioration des termes de l'échange entre la campagne et la ville.

Enfin, toute économie nationale est un système de plusieurs éléments en interactions réciproques et dynamiques. Ce faisant, les problèmes et les avantages internes ont des répercussions importantes sur les facteurs d'équilibre extérieur. Ainsi, nous pouvons nous attendre à une évolution similaire des indicateurs internes et des indicateurs externes.

II.2. Indicateurs d'équilibre externe

Les facteurs de l'équilibre externe sont essentiellement les exportations et les importations qui composent la balance commerciale, les transferts, les intérêts sur les emprunts extérieurs à long terme, et les mouvements de capitaux. Dans le cadre de notre travail, nous nous limitons à la balance commerciale pour la principale raison que les autres éléments relèvent de la politique monétaire des pays étudiés ou de la politique d'aide internationale.

En ce qui concerne les importations, elles n'ont cessé d'augmenter en dépit des politiques d'industrialisation visant à diminuer progressivement, voire à remplacer les dépenses d'importation et à retrouver l'équilibre de la balance commerciale (**tableau 14**).

Quant aux exportations, les statistiques montrent bien qu'elles oscillent autour d'une moyenne de 3 milliards de US $ (**tableau 15**). Cette évolution ne montre pas des particularités qui pourraient se justifier par le changement d'instruments de politique budgétaire depuis le début des années 1980.

Tableau 14. Évolution des importations de biens et services et des revenus versés au reste du monde en millions de dollars américains

	1970	1975	1980	1985	1990	1995	2000
Burkina F.	67,7	28	596	489	73	689	682
Burundi	29,5	81,9	223	257	338	296	161
Cameroun	329	944	2480	3090	2420	2190	299
Cote-d'Ivoire	584	1740	4720	2900	4560	4830	4500
Gabon	216	1260	2240	2190	2470	2580	2740
Kenya	580	1280	3460	2009	3050	3860	3870
Mozamb.	612	758	875	624	1070	1140	1780
Nigeria	1750	8800	23200	13100	12800	13600	21400
Rwanda	35,1	128	335	346	380	351	460
Sénégal	292	866	1450	1300	1980	1980	1900
Swaziland	178	202	659	368	837	1270	1230

Tanzanie	370	824	1250	1110	1750	2170	2250
Ouganda	271	321	450	537	753	1460	2050
Zambie	745	1470	1990	1240	1690	1780	1480
Zimbabwe	428	1190	638	1400	2300	3250	2230
moyenne	380	1290	2970	2070	2480	2760	3320

Source: Tableau construit à partir des *Indicateurs de développement mondial*, Banque mondiale, CD-Rom 2002.

Les importations ont subi des augmentations à peu près continuelles au cours de la période étudiée. Ceci se comprend à partir du moment où les industries locales n'ont pas atteint l'objectif de produire la plupart des articles manufacturés dont les agents ont besoin. Par contre, le mouvement s'inverse pour les exportations (**voir tableau 15**).

Tableau 15. Evolution des exportations de biens et services et des revenus reçus du reste du monde en millions de dollars américains

	1970	1975	1980	1985	1990	1995	2000
Burkina F	30,8	95,2	225	155	369	317	247
Burundi	26,5	35,9	92,0	128	97,3	140	55,1
Cameroun	306	661	1900	2750	2260	2060	2740
C. -Ivoire	566	1500	3600	3200	3470	5120	4340
Gabon	208	1250	2880	2120	2760	2930	3030
Kenya	506	1010	2200	1580	2230	2970	2790
Mozamb.	315	421	452	184	300	466	769
Nigeria	1340	9110	28100	13200	14300	12000	21700
Rwanda	25,9	64,0	182	163	150	88,5	159
Sénégal	243	696	896	857	1510	1570	1420
Swaziland	185	235	451	276	820	1100	1070
Tanzanie	322	491	687	445	523	1100	1390
Ouganda	297	252	331	408	246	683	674
Zambie	999	880	1630	958	1340	1340	9,18
Zimbabwe	417	1040	315	1290	2040	2760	2150
moyenne	352	1160	2930	1850	2160	2310	2900

Source: Tableau construit à partir des *Indicateurs de développement mondial*, Banque Mondiale, CD-Rom 2002.

Effectivement, nous pouvons conclure que les politiques d'accroissement d'investissements publics ou de réforme budgétaire n'ont pas empêché la stagnation des exportations. En moyenne, en dépit des écarts remarquables entre le groupe de tête (Cameroun, Côte-d'Ivoire, Sénégal, Gabon) et le groupe de pays à plus petits revenus (Burkina F., Burundi, Rwanda,...), la moyenne se stabilise autour de 1,95 milliard de dollars.

Enfin, en étudiant l'évolution simultanée des importations et des exportations, il y a lieu de mettre en évidence deux types de phénomènes (**tableau 16** et **graphique 1**) :

Tableau 16 . Evolution de la balance commerciale et Indice d'ouverture de Balassa

année	1970	1975	1980	1985	1990	1995	2000
(X-M)	-28	-130	-40	-220	-320	-450	-420
PIB	2640	3840	7900	5330	6740	6280	7630
[(X-M)/PIB]*100	-1,06	-3,38	-0,50	-4,12	-4,74	-7,16	-5,50
(1/2)*(X-M)/PIB	-0,53	-1,69	-0,25	-2,06	-2,37	-3,58	-2,75

Source : Tableau construit à partir des données des tableaux 12, 14 et 15.

1°) D'une part, l'ouverture au commerce international est restée faible. L'indice de Balassa $\left[\frac{1}{2}*\frac{(X-M)}{PIB}\right]$ montre que le solde de la balance commerciale est resté négatif et s'est même dégradé avec le temps. D'autre part, il indique que le volume des transactions internationales en pourcentage du PIB demeure insuffisant (ne dépasse jamais 3%).

2°) L'évolution de la balance commerciale ne suit pas les cycles politico-économiques comme les dépenses publiques et le PIB (**graphique1**) :

Graphique 1. Evolution simultanée des importations et des exportations

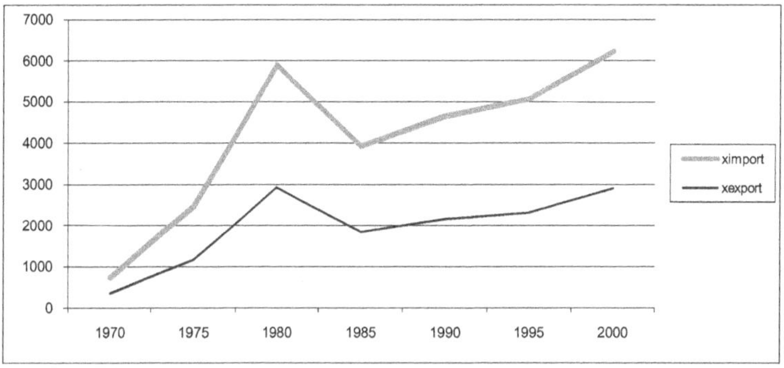

Source : Graphique tracé à partir de la moyenne du tableau 14 et de la moyenne du tableau 15.

Les exportations et les importations augmentent simultanément depuis 1970 jusqu'au début des années 1980 et chutent en même temps et toujours proportionnellement entre 1980 et 1985. A partir de 1985, les deux augmentent parallèlement mais les importations plus que les exportations.

L'expansion des exportations durant la première période s'explique par les programmes d'investissement public directement productifs (politique de promotion des exportations). Pendant cette période d'expansion budgétaire, le revenu national a augmenté et avec lui la partie automatique des importations.

La balance commerciale tend à s'équilibrer jusque vers la fin de la décennie 1980 et devient déficitaire depuis 1990. Ceci montre une fois de plus que les programmes d'ajustement ont eu des succès mitigés. Avec les réformes, les pays de l'Afrique subsaharienne sont en moyenne devenus des importateurs nets depuis 1990 puisque les importations ont dominé les exportations en valeur.

Par rapport aux objectifs de la politique budgétaire, les entreprises publiques de substitution aux importations et de promotion des exportations, loin de permettre aux pays africains de réduire les dépenses d'importation et d'accroître les recettes d'exportation, ont coûté plus cher aux gouvernements en question. A ce propos, plusieurs études basées sur la méthodologie des

fonctions de production et de coût frontière stochastiques démontrent que
les entreprises publiques susmentionnées fonctionnent avec du gaspillage (coût effectif supérieur au coût frontière) et avec un niveau de production technique inférieur à la norme c'est-à-dire au niveau frontière [Handussa *et alii* (1986), Rutayisire *et alii* (1991)].

De même, les réformes n'ont permis d'équilibrer ni le budget (objectif d'équilibre interne) par une discipline budgétaire et un accroissement des recettes fiscales, ni la balance commerciale par une maîtrise des dépenses d'importation. En conséquence, la dette a été la solution principale au problème de financement des dépenses publiques et à, un certain moment, les conditions de solvabilité se sont terriblement dégradées.

II.3. Dette publique et indicateurs de solvabilité et de soutenabilité de la politique budgétaire

Les années 80 ont été marquées, dans la quasi-totalité des pays d'ASS, par la persistance des déficits budgétaires et par une augmentation progressive de la dette publique tant intérieure qu'extérieure, ce qui soulève le problème de solvabilité des dettes publiques et de soutenabilité des politiques budgétaire mises en œuvre.

Une politique budgétaire est soutenable si elle ne compromet pas à long terme la solvabilité de l'Etat, c'est-à-dire si elle garantit que la dette ne croîtra pas dans des proportions excessives telles que l'Etat ne puisse plus assurer son remboursement [Jondeau (1992)]. La soutenabilité exprime ainsi l'effort à consentir dans le futur pour éponger l'endettement contracté dans le passé sans recourir à l'inflation pour provoquer l'érosion de la dette [Blanchard *et alii* (1990)].

La littérature relative à la solvabilité de la dette publique et à la soutenabilité de la politique budgétaire repose sur deux groupes d'analyse.

Le premier groupe d'analyse a pour origine les travaux de la Banque Mondiale [Alesina et Perotti (1995), Selowsky et Van Der Tak (1986)]. Il tente de définir à moyen et long terme les modalités de retour à l'équilibre des finances publiques. L'accent est mis (**1**) sur l'offre et sur la demande dont le but est de réduire les importations, la consommation privée ainsi que les dépenses publiques de manière à rétablir un lien entre la croissance et l'endettement, (**2**) sur la combinaison de l'impôt et de l'emprunt comme mode de financement budgétaire, (3) et sur la conjonction des recettes et des dépenses. Les tableaux 6 et 7 montrent que les dépenses publiques sont en permanence supérieures aux impôts indirects nets, ce qui confirme l'insolvabilité des pays de l'ASS.

Le second groupe [Wilcox (1989), Hamilton et Flavin (1986)] pose l'hypothèse de solvabilité en termes d'équilibre entre l'encours de la dette et la valeur actualisée des surplus primaires anticipés ou entre le taux d'intérêt réel et le taux de croissance du PIB dont dépend l'évolution de la dette. Si la production escomptée croît à un taux supérieur au taux d'intérêt réel, le gouvernement n'est soumis à aucune contrainte budgétaire. Il n'existe aucune borne à l'augmentation de la dette puisque la croissance du PIB permet de financer le service de celle-ci. Dans le cas contraire, l'Etat n'est pas solvable et sa politique budgétaire n'est pas soutenable.

Sur le plan empirique, plusieurs critères découlant de ce deuxième paradigme permettent de juger de la solvabilité de la dette publique extérieure d'un pays donné. A cette fin, Raffinot et Venet (2003), Semedo et Villieu (1997) présentent un modèle de la dette publique solvable. Deux règles de décision ressortent de ce modèle : pour que la dette publique soit soutenable, il faut alternativement (1) que la balance commerciale soit excédentaire (valeur des exportations supérieure à celle des importations) et (2) que le taux de croissance de la production dépasse le taux d'intérêt réel. Ces règles sont aussi valables pour la dette intérieure, sauf que les exportations et les importations se remplacent respectivement par les recettes et les dépenses primaires.

Pour le cas de notre échantillon, on constate, au regard des **tableaux 14, 15 et 16** ainsi que du **graphique 1** sur l'évolution des composantes de la balance commerciale, que les pays de l'ASS ne sont pas à même de générer des excédents extérieurs avec lesquels ils pourraient rembourser la dette publique. Ainsi la première condition de solvabilité n'est pas remplie. En ce qui concerne la deuxième condition de solvabilité (**g ≥ r**), les **tableaux 13** et **17,** ainsi que le **graphique 2,** donnent l'évolution du taux de croissance et du taux d'intérêt. Le taux d'intérêt sur les dépôts est utilisé comme *proxy* du taux de rémunération des emprunts publics. Bien qu'il soit resté longtemps bloqué à un niveau bas par l'autorité politique, justement pour acquérir que les dettes soient les moins chères possibles, le taux d'intérêt est demeuré supérieur au taux de croissance depuis la fin des années 70. Cette situation confirme une fois de plus l'effet « boule de neige de la dette publique » : les Etats africains doivent recourir à la dette pour payer la dette. Il en découle une accumulation progressive de la dette publique (voir **tableau 18**).

Tableau 17. Taux d'intérêts nominaux (sur les dépôts)

	1970	1975	1980	1985	1990	1995	2000
Burkina Faso	3,00	5,88	6,19	7,25	7,00	5,30	3,50
Burundi	2,50	2,50	2,50	4,50	6,50	8,50	19,5
Cameroun	3,30	5,85	7,50	7,50	7,50	5,50	5,00
Côte-d'Ivoire	3,00	5,88	6,19	7,25	7,00	5,30	3,50
Gabon	3,30	5,85	7,50	7,67	7,50	5,50	5,00
Kenya	3,50	5,13	5,75	1,13	13,7	13,6	8,10
Mozambique	1,80	1,80	3,50	3,65	3,88	38,8	9,70
Nigeria	3,00	3,00	5,27	9,12	19,8	13,5	11,7
Rwanda	2,50	2,50	6,25	6,25	6,88	8,50	8,94
Sénégal	3,00	5,88	6,19	7,25	7,00	5,50	3,50
Swaziland	5,50	7,75	4,50	1,02	8,85	10,3	6,53
Tanzanie	2,50	4,00	4,00	4,50	3,50	24,6	7,39
Ouganda	2,50	2,50	6,80	20,0	31,3	7,61	9,84
Zambie	23,2	4,00	7,00	15,3	25,7	30,2	20,2
Zimbabwe	3,25	4,00	3,52	10,0	8,80	25,9	50,2
moyenne	4,39	4,43	5,51	8,78	11,0	13,9	11,5

Source: Tableau construit à partir des *Indicateurs de développement mondial*, Banque mondiale, CD-Rom 2002.

Dans l'ensemble, les taux d'intérêt sur les dépôts sont restés administrés jusqu'au milieu des années 1980. L'Afrique subsaharienne est l'une des zones qui a le plus souffert de la répression financière. Néanmoins, ces taux d'intérêt, s'ils sont faibles par rapport au taux d'inflation, demeurent quand même relativement importants si on les compare au taux de croissance économique (**graphique 2**).

Graphique 2. Evolution comparée du taux d'intérêt réel et du taux de croissance du PIB

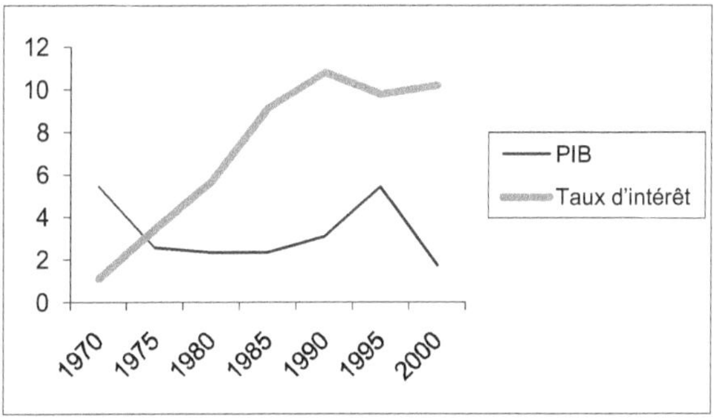

Source. Graphique construit à partir des tableaux 13 et 17

Tableau 18. Evolution de la dette publique à long terme en millions de dollars américains

	1970	1975	1980	1985	1990	1995	2000
Burkina	2 0,8	62,5	281	458	750	1140	1140
Burundi	7,30	18,0	118	409	851	1100	1030
Cameroun	145	425	2250	2600	5600	8300	7670
C. -Ivoire	267	1030	6340	8250	13200	14600	10500
Gabon	90,8	772	1270	944	3150	3980	3510
Kenya	409	1020	2490	3190	5640	6400	5360
Mozambique	1850	220	2440	2710	4230	6980	6350
Rwanda	1,90	24,1	150	329	665	970	1150
Sénégal	145	319	1110	2070	3000	3230	2970
Swaziland	37,0	33,7	189	214	249	223	198
Tanzanie	188	1920	3380	4650	5800	6250	6350

Uganda	152	180	537	887	2160	3060	3000
Zambie	654	1260	2210	3030	4550	5300	4510
Zimbabwe	229	187	696	1840	2650	3860	3160
Nigeria	567	1140	5370	13600	31900	28400	33000
moyenne	318	707	1920	3020	5630	6250	5990

Source: Tableau construit à partir des *Indicateurs de développement mondial*, Banque mondiale, CD-Rom 2002.

Ce tableau montre bien que l'évolution de la dette publique est divergente. Contrairement à l'évolution des dépenses publiques et du PIB qui semblent pro-cycliques, la dette publique à long terme croît dangereusement. A la limite, les gouvernements africains sont obligés de s'endetter pour payer la dette antérieure : l'effet « boule de neige » de la dette publique y est bien vérifié.

II.4. Indicateurs sociaux

Les indicateurs sociaux montrent comment la répartition du revenu est décidée en faveur du bien-être social et même de la reconstitution de la force de travail. L'un des principaux critères utilisés est souvent le niveau de formation de la population. A ce propos, les statistiques révèlent un certain effort dans l'objectif de développement des ressources humaines. Le taux de scolarisation primaire moyen passe de 54,4 % en 1970 à 76,7 % en 2000 (**tableau 19**).

Le progrès est surtout remarquable au niveau de l'enseignement secondaire où le taux de scolarisation moyen passe de 6,87 % en 1970 à 42 % en 2000 (**tableau 20**). Suite à la croissance démographique galopante, les taux de scolarisation ne pouvaient que s'ajuster. On s'interroge désormais sur la qualité des enseignements reçus.

Tableau 19. Taux brut de scolarisation primaire

	1970	1975	1980	1985	1990	1995	2000
Burkina Faso	12,2	14,3	17,5	27,0	33,3	39,6	42,2
Burundi	27,0	20,6	26,4	52,6	72,8	50,6	51,1

Cameroun	91,6	94,6	98,3	82,8	87,1	86,9	85,5
Côte-d'Ivoire	58,8	61,1	75,0	71,7	67,1	68,9	70,5
Kenya	62,1	10,4	11,5	99,0	95,0	84,9	86,4
Mozambique	39,7	42,5	99,0	87,4	66,9	60,2	75,5
Nigeria	43,7	50,3	60,9	70,4	91,4	93,3	95,0
Rwanda	69,6	55,0	62,9	63,1	69,6	94,1	95,6
Sénégal	38,9	40,0	46,3	56,4	58,9	64,3	68,0
Swaziland	86,9	97,2	90,3	90,2	91,1	92,1	92,3
Tanzanie	33,5	52,6	9,2,5	75,1	69,7	66,8	74,1
Ouganda	37,7	44,0	49,5	73,2	71,3	74,3	75,0
Zambie	89,7	96,6	89,9	90,5	98,7	88,5	92,2
Zimbabwe	70,1	70,2	85,1	73,6	71,6	71,4	78,8
moyenne	54,39	53,97	59,26	73,03	74,98	74,33	76,7

Source: Tableau construit à partir des *Indicateurs de développement mondial*, Banque mondiale, CD-Rom 2002.

Effectivement, on observe que les gouvernements ont négligé l'enseignement universitaire durant les deux dernières décennies, tandis que la qualité des services d'enseignement a baissé. Ainsi, on peut dire en quelque sorte que ces précédents résultats s'expliquent par la substitution quantité – qualité, choix imposé par l'état de la démographie.

Alors que les dépenses publiques consacrées à l'éducation avaient rapidement augmenté dans la région pendant les années 60 et 70 pour atteindre 11 milliards de $ en 1980, elles ont chuté tout au long des années 80 jusqu'à 7 milliards seulement (UNESCO, 1990). A la fin de la décennie, les traitements des enseignants constituaient le gros des dépenses d'éducation, ce qui ne laissait plus rien pour de nouvelles infrastructures scolaires. Cette situation a aussi gravement affecté les dépenses relatives aux manuels scolaires (Banque Mondiale, 1988a). Dans les pays à bas niveaux de revenus, les gouvernements ont réagi en augmentant la part des dépenses d'éducation de base (primaire et secondaire) et en réduisant les dépenses des universités et surtout les bourses de troisième cycle.

Tableau 20. Taux brut de scolarisation secondaire

	1970	1975	1980	1985	1990	1995	2000
Burkina Faso	1,42	1,93	2,70	4,45	7,16	8,96	93,5
Burundi	1,63	2,19	2,83	3,57	5,62	6,60	70,5
Cameroun	8,13	13,3	18,3	22,8	28,0	25,6	30,2
Côte-d'Ivoire	9,08	12,2	1,8,6	19,7	22,0	23,0	24,2
Kenya	9,08	13,3	1,9,6	21,3	24,1	24,4	25,5
Mozambique	4,14	2,86	5,22	7,25	7,63	7,06	81,2
Nigeria	5,24	7,97	18,0	34,0	24,9	32,0	35,8
Rwanda	3,02	3,55	3,31	6,28	8,00	14,0	15,6
Sénégal	9,29	10,6	11,3	13,9	16,2	16,2	17,5
Swaziland	18,5	32,0	38,3	39,2	44,3	53,1	48,6
Tanzanie	2,67	3,15	3,30	3,27	4,95	5,44	62,4
Ouganda	3,73	3,76	4,99	9,97	13,2	12,0	14,7
Zambie	12,8	15,1	16,1	19,5	24,1	26,5	23,5
Zimbabwe	7,47	8,45	7,67	41,6	49,5	47,3	45,5
moyenne	6,87	9,31	12,2	17,6	20,0	21,6	42,1

Source: Tableau construit à partir des *Indicateurs de développement mondial*, Banque mondiale, CD-Rom 2002.

L'autre indicateur de développement de ressources humaines tient à la quantité et à la qualité des soins de santé. Pour les soins médicaux, les dépenses publiques réelles par habitant ont chuté de 36% durant la décennie de stabilisation. On s'est efforcé de donner la priorité aux soins préventifs, surtout aux soins médicaux de base. La baisse des dépenses dans le secteur de la santé a surtout touché l'investissement, l'entretien et les dépenses ordinaires non salariales.

Globalement, il est difficile de conclure que la politique budgétaire a permis le développement des capacités productives, par le canal de la santé et de la formation des citoyens. Par ailleurs, les effets nets de cette politique sont largement controversés comme nous allons le montrer dans la conclusion ci-après.

Conclusion du chapitre

L'analyse précédente montre que les économies africaines ont enregistré depuis les années 80 une stagnation économique prolongée de leur produit intérieur brut par habitant, une chute considérable de leurs taux d'investissement, une stagnation de leur production industrielle et de leurs recettes à l'exportation, ainsi qu'une diversification négligeable des biens services produits dans tous les secteurs. La médiocrité de la croissance s'est donc accompagnée d'un échec dans la réalisation de la part des transformations structurelles qui sont souhaitables et nécessaires pour le long terme en Afrique.

Les politiques de relance budgétaire initiées depuis les années 1960 et celles de restriction ou d'ajustement budgétaire qui émergent au début des années 1980 ne manifestent pas de différences significatives quant aux impacts sur la production et la croissance. Néanmoins, cette affirmation mérite d'être nuancée car la littérature montre plutôt que les résultats **sont mitigés,** que ce soit pour la politique des grands investissements publics telle que conduite dans les deux premières décennies ou pour les politiques d'ajustement.

D'une part, en effet, Jespersen (1992) trouve que la politique expansionniste a produit des effets satisfaisants et a même hissé l'ASS au rang des autres régions en développement. Par contre, « les gouvernements africains et les institutions régionales, les donateurs bilatéraux et la communauté des chercheurs africains estiment que les économies africaines n'ont pas tiré de grands avantages des politiques menées pendant les années soixante et soixante-dix » [Cornia *et alii* (1992), p. 186]. Les raisons qui expliquent ce point de vue sont multiples : (**1**) les résultats macroéconomiques ont été décevants dans la mesure où le PIB par habitant est resté faible aussi bien en termes absolus que par rapport aux autres régions en développement ; (**2**) la croissance de la production a été extrêmement décevante en ce qui concerne les denrées alimentaires, ce qui a donné lieu à une dépendance accrue aux importations de produits alimentaires, à une diminution de la sécurité alimentaire et à des famines épisodiques ; (**3**) malgré des progrès initiaux dans des secteurs tels que l'éducation, il n'y a guère eu d'améliorations dans la réduction de la pauvreté et dans le développement des capacités humaines nécessaires pour la création d'entreprises ; (**4**) il n'y a pas eu de transformation des structures de production et d'échanges héritées au moment de l'indépendance et qui représentaient de fortes distorsions.

D'autre part, les précédentes institutions soutiennent que, à l'instar de la politique expansionniste, les réformes orthodoxes appliquées à une échelle massive depuis les années 1980 n'ont pas contribué à améliorer la situation. Bien entendu, ces arguments sont contestés par certaines publications du FMI, de la Banque Mondiale et du PNUD. Pour ces partisans de l'ajustement, les réformes ont eu des résultats un peu meilleurs dans les pays qui se sont engagés énergiquement dans les changements structurels [BM et PNUD (1989)]. Mais, du point de vue empirique, la Commission Economique des Nations Unies pour l'Afrique [UNECA (1989a)] trouve des résultats contraires : « Les données disponibles révèlent qu'à la fin des années quatre-vingt, à quelques exceptions près, les conditions ne se sont pas améliorées dans les pays qui avaient lancé les programmes pendant cette décennie. »

Les facteurs responsables de cette évolution défavorable sont essentiellement : (**1**) la mise en œuvre inadéquate des programmes d'ajustement, (**2**) une dégradation de la conjoncture internationale, (**3**) un financement externe insuffisant, (4) des contradictions et des incohérences dans les mesures adoptées lors de la conception de ces programmes. Enfin, à cette série de causes s'ajoute le manque de conditions initiales pour une bonne réussite de la politique économique. Comme le note la Banque Mondiale (1988b) :

« La réaction de l'offre aux prêts à l'ajustement en ASS a été lente par suite de problèmes structurels profondément enracinés dont la région a hérité. Des infrastructures insuffisantes, des marchés médiocrement développés, des secteurs industriels rudimentaires, de nombreuses faiblesses dans les institutions et la gestion des secteurs public et privé, etc... se sont révélés des contraintes beaucoup plus sérieuses qu'on ne s'y attendait. Ces contraintes ont entravé l'obtention de meilleurs résultats, surtout dans les pays les plus pauvres de l'Afrique subsaharienne ».

Face à cette controverse, notre solution se trouve dans les études approfondies des théories de la politique budgétaire et leurs vérifications empiriques. Nous en arrivons ainsi à l'analyse de la fonction de consommation qui constitue la première piste de fondement des interventions par le canal des déficits. Si les ménages augmentent leurs dépenses de consommation suite à l'accroissement de leurs revenus disponibles, lié à la politique expansionniste, les entreprises sont incitées à investir davantage pour produire et répondre aux variations positives anticipées de la demande. Par contre, la politique budgétaire sera inefficace dans le cas où la consommation des ménages est indifférente aux augmentations des dépenses publiques.

Chapitre II

Controverses théoriques sur la fonction de consommation et leurs vérifications empiriques

La fonction de consommation reste la base d'analyse que ce soit pour affirmer ou pour nier l'efficacité de la politique budgétaire. Pour les keynésiens, la consommation courante dépend essentiellement et de façon stable du revenu courant. Il en découle une grande importance de la propension marginale à consommer et du multiplicateur qui est le canal de transmission de la politique budgétaire, d'où cette politique devient inévitablement efficace.

D'autres économistes soutiennent que le revenu courant n'est pas la seule variable capable d'expliquer la consommation courante pour en arriver à la conclusion que la fonction de consommation keynésienne n'est pas stable ou que la propension marginale à consommer est de faible valeur, d'où la politique budgétaire est imprévisible.

Enfin, le principe d'équivalence néo-ricardienne montre, dans un modèle à générations imbriquées, qu'une augmentation du revenu disponible causée par une augmentation des dépenses publiques ou par une diminution temporaire des impôts ne conduit pas nécessairement à un accroissement des dépenses de consommation, et ce, en fonction des anticipations quant aux impôts futurs et compte tenu de l'altruisme intergénérationnel [Barro (1974)].

L'objectif de ce chapitre est de présenter les facteurs les plus essentiels de la fonction de consommation (**section I**) et de vérifier empiriquement les théories antagonistes qui s'y rapportent (**section II**). La question centrale à laquelle on veut répondre à travers toutes ces théories est de savoir si finalement les dépenses publiques pourraient avoir des effets multiplicateurs nets, en dépit des divers types d'éviction des investissements privés.

Section I
Analyses théoriques de la fonction de consommation

Le débat sur la fonction de consommation apparaît au travers de plusieurs théories essentielles à savoir l'hypothèse du revenu absolu et ses ramifications (**I.1**), la théorie du revenu relatif (**I.2**), l'hypothèse du cycle de vie (**I.3**) et ses extensions en termes de revenu permanent et des anticipations rationnelles (**I.4**) et, enfin, les effets d'encaisses réelles (**I.5**).

I.1. L'hypothèse du revenu absolu et ses ramifications

Pour Keynes, toute variation de la consommation provient des fluctuations du revenu disponible courant, d'après une loi psychologique fondamentale selon laquelle « *en moyenne et la plupart du temps, les individus tendent à accroître leur consommation à mesure que leur revenu croît, mais non d'une quantité aussi grande que l'accroissement du revenu* » [Keynes (1936)].

Ceci remet radicalement en cause les théories des économistes classiques (qui avaient précédé Keynes) qui soutiennent qu'un taux d'intérêt élevé encourage l'épargne et décourage la consommation. Keynes admet en théorie que le taux d'intérêt puisse influencer la consommation, mais de façon non déterminante :"*La principale conclusion suggérée par l'expérience est, selon moi, que l'influence à court terme du taux d'intérêt sur la partie individuellement dépensée de tout revenu donné est secondaire et relativement peu importante*" [Keynes (1936)]. La fonction de consommation keynésienne revêt alors trois propriétés fondamentales [Mankiw (1999)] :

- la propension marginale à consommer est comprise entre zéro et l'unité,
- la propension moyenne à consommer diminue à mesure que le revenu augmente,
- la consommation est déterminée par le revenu courant.

Ainsi, dans l'analyse keynésienne, l'épargne correspond à une baisse de la consommation, qui réduit la demande globale sans produire l'investissement correspondant. L'augmentation du taux d'épargne liée à la progression du revenu dans le temps peut donc conduire au chômage chronique, voire à la stagnation à long terme. Les nombreuses tentatives de vérification empirique menées au lendemain de la Deuxième Guerre mondiale, lorsque deviennent disponibles les premières données trimestrielles aux Etats-Unis, vont néanmoins parvenir à des conclusions contrastées: d'une part, les études sur séries chronologiques font apparaître à court terme la stabilité de la fonction de consommation keynésienne et, à long terme, la constance du taux d'épargne en dépit de l'accroissement du revenu [Kuznets (1946)] ; d'autre part, des études en coupe instantanée sur les budgets des ménages montrent que la fonction de consommation se déplace vers le haut à mesure que le niveau de revenu moyen augmente [Brady *et alii* (1947)].

Ces énigmes empiriques (coexistence d'une fonction de consommation de courte période et d'une fonction de consommation de longue période) vont alors conduire à plusieurs tentatives de reformulations théoriques.

I.2. Théorie du revenu relatif, effet d'imitation et effet *cliquet*

Duesenberry (1948) et Modigliani (1949) introduisent une irréversibilité dans le comportement de consommation, de sorte que l'instabilité à court terme s'explique par un effet de *« crémaillère »* ou de *« cliquet »* exercé par les revenus les plus élevés atteints précédemment. Dans le même sens, Brown (1952) développe l'inertie des comportements de consommation en proposant les premières fonctions de consommation autorégressives de la forme: $C_t = f(Y_t , C_{t-1})$: la consommation d'aujourd'hui (C_t) dépend non seulement du revenu d'aujourd'hui (Y_t), mais aussi de la consommation de la période précédente (C_{t-1}). Dans sa théorie du revenu relatif, Duesenberry (1949) réfute l'un des postulats de la théorie traditionnelle de la consommation à savoir l'indépendance de la consommation d'un agent à l'égard de celle des autres. Dès lors, la propension à consommer d'un ménage dépend non seulement de son revenu, mais également d'un *effet d'imitation ou de démonstration* exercé par les ménages des catégories sociales supérieures, qui poussent vers le haut la consommation des catégories inférieures, ce qui explique les résultats de Brady et Friedman (1947).

Bien que ces études théoriques éclaircissent tour à tour certains problèmes empiriques particuliers, il manque, au début des années 50, une structure analytique générale permettant d'intégrer et de concilier les différentes énigmes, en particulier la constance du taux d'épargne à long terme. C'est donc l'objectif de Modigliani et Brumberg (1953) que de construire un modèle unifié de consommation et d'épargne, connu sous le vocable de l'hypothèse du cycle de vie (HCV) capable de rendre compte de la plupart des résultats empiriques et pouvant conduire à des conclusions vérifiables.

I.3. Hypothèse du cycle de vie (HCV)

Si, dans une stricte logique keynésienne, l'épargne est considérée comme un résidu, elle n'est pas, dans une perspective d'affectation intertemporelle des ressources, autre chose que de la consommation future [Hamburger (1951)]. Dès 1930, Irving Fisher (1930) avait jeté les bases d'une théorie intertemporelle de l'épargne fondée sur les choix du consommateur, sur laquelle vont s'appuyer Modigliani et Brumberg pour montrer que les consommateurs rationnels maximisent leur utilité et affectent de manière optimale leurs ressources à la consommation, tant en série chronologique [Modigliani et Brumberg (1953)] qu'en coupe instantanée [Modigliani et Brumberg (1954)].

Dans sa formulation la plus simple, l'hypothèse du cycle de vie ne prend en compte ni l'incertitude, ni l'héritage, ni les contraintes financières. Les agents connaissent leur durée de vie (finie) et leurs revenus futurs ; ils peuvent emprunter et prêter à un taux unique, sans autre contrainte que leur solvabilité (capacité de remboursement). Dans ces conditions, les ménages n'ont aucune raison de laisser un revenu inemployé et ne vivent que pour consommer : les flux d'épargne et de désépargne servent à obtenir un profil de consommation stable à partir d'un profil de revenu fluctuant. L'épargne permet donc de lisser la consommation dans le temps en reportant une partie de celle-ci vers les périodes où les revenus escomptés sont plus faibles. Le profil typique du cycle de vie fait apparaître deux périodes : l'activité et la retraite. Le comportement d'épargne est ainsi lié à l'âge du consommateur : l'épargne est réalisée dans la période d'activité et transmise pour la consommation durant la retraite. L'accumulation patrimoniale répond alors principalement au besoin d'épargne pour les vieux jours et la richesse suit une évolution en bosse en fonction de l'âge, phénomène baptisé *hump saving* par Harrod (1948) qui avait formulé l'embryon d'une théorie du cycle de vie.

La première implication de cette analyse est que la consommation d'une période dépend des ressources perçues durant la vie entière. Il n' y a donc a priori aucune raison pour qu'il existe une relation stable entre la consommation et le revenu d'une période particulière.

Lorsque le revenu augmente, la consommation courante réagit en fonction d'une optimisation du profil de consommation sur l'ensemble du cycle de vie et l'effet dépendra de manière cruciale de ce que l'accroissement du revenu est transitoire ou durable.

De ce fait, les résultats empiriques contradictoires obtenus sur la fonction de consommation keynésienne ne sauraient surprendre.

Une autre conséquence essentielle de l'hypothèse du cycle de vie concerne la fonction de consommation macroéconomique. Comme l'horizon des ménages est fini, l'hypothèse du cycle de vie ne peut pas reposer sur un agent représentatif. Dès lors, la procédure d'agrégation des agents devient essentielle : actifs et retraités cohabitent, et la fonction de consommation globale n'est pas assimilable à celle d'un ménage individuel, mais résulte de l'agrégation des deux générations à un moment donné. Ainsi, sous l'hypothèse du cycle de vie, revenu et patrimoine constituent les deux principaux arguments de la fonction de consommation agrégée. A court terme, le patrimoine est exogène et la consommation croît avec le revenu. Mais, à long terme, le patrimoine devient une variable d'échelle. Durant le processus d'accumulation du patrimoine, la fonction de consommation de court terme se déplace vers le haut, ce qui explique la différence entre études empiriques sur séries courtes et sur séries longues et la constance du taux d'épargne à long terme.

En régime stationnaire, la théorie du cycle de vie parvient au résultat surprenant que le taux d'épargne est nul à tout moment. En effet, l'épargne des « jeunes » est exactement compensée par la désépargne des « vieux ». Dès lors, seule une économie en expansion (démographique ou économique) engendre une épargne globale positive. La croissance démographique entraîne un accroissement du nombre d'actifs qui épargnent par rapport au nombre de retraités qui désépargnent. De même, un allongement de l'espérance de vie ou une diminution de l'âge de la retraite toutes choses égales par ailleurs accroît le taux d'épargne. A l'inverse, toute modification de la répartition par âge en faveur des retraités exerce un effet négatif sur l'épargne. La croissance économique (augmentation du revenu par tête) engendre une épargne positive puisque la désépargne des retraités, fondée sur des revenus antérieurs plus faibles, est plus que compensée par l'épargne des actifs fondée sur des revenus récents plus élevés. Les perspectives de croissance peuvent alors constituer une source importante de différence entre les taux d'épargne des pays.

Les débats contemporains sur l'hypothèse du cycle de vie portent sur le rôle des contraintes de liquidité et sur les déterminants de l'accumulation patrimoniale des ménages. La version pure de l'HCV suppose l'accès à des marchés financiers parfaits où les ménages peuvent emprunter au taux concurrentiel autant qu'ils le souhaitent à la seule condition de rester solvables. A partir de ce moment, pour un ménage contraint seulement par la richesse, le revenu d'une période ne constitue qu'une part très limitée de la richesse totale, et ses variations n'entraîneront de modification significative de la consommation que si elles sont durables. Au contraire, pour un ménage ne pouvant pas emprunter, le revenu est la seule source de liquidité immédiate, et ses variations occasionneront aussi des modifications proportionnelles de la consommation : on se rapproche alors de la perspective keynésienne qui relie la consommation au revenu courant. Ces contraintes de liquidité sont notamment susceptibles d'apparaître chez les « jeunes » ménages qui ne disposent pas encore d'un patrimoine suffisant. Dès lors, la prise en compte des contraintes de liquidité confirme davantage la théorie keynésienne en améliorant l'élasticité de la consommation au revenu courant.

En revanche, la question de la transmission des patrimoines paraît beaucoup plus cruciale. En effet, dans ce modèle, l'épargne a pour objectif le lissage de la consommation et non la transmission d'un héritage. Il s'agit d'une épargne pour soi et non pour autrui. Mais dans la réalité, le patrimoine n'est pas intégralement consommé à la date du décès et les legs sont alors incontournables. L'importance relative des motifs d'épargne et de l'accumulation du patrimoine fait l'objet d'une controverse : d'une part, « les transferts intergénérationnels constituent l'explication la plus importante de l'épargne et les déterminants essentiels de l'accumulation (...) » [Kotlikoff, Summers (1981)], d'autre part, Modigliani (1986) affirme qu'une économie peut accumuler un stock de richesse très important même si aucune richesse n'est léguée. Cette question de legs soulève bien entendu des enjeux fondamentaux à la fois théoriques et politiques, théoriques d'abord puisque, si les legs représentent une part importante dans un pays donné, le pouvoir explicatif de l'HCV est limité et l'effort de modélisation doit porter désormais sur la spécification des déterminants de l'héritage, politiques ensuite parce que si l'héritage est le déterminant essentiel de l'accumulation, l'efficacité économique commande d'en alléger la fiscalité. Par contre, si les legs constituent le vecteur privilégié de la reproduction des inégalités, il faut, dans un souci d'équité, en alourdir la fiscalité.

I.4. Extensions de l'HCV : théorie du revenu permanent et des anticipations rationnelles

L'hypothèse du cycle de vie apparaît au même moment que la théorie du revenu permanent de Friedman (1957), et leur diffusion a été à peu près simultanée, d'autant plus que les deux approches ont été inspirées par un environnement scientifique commun, en particulier les travaux de Margaret Reid sur le revenu permanent, cités à la fois par Modigliani et Brumberg (1954) et Friedman (1957). La principale différence entre les deux analyses porte sur le fait que Friedman considère un ménage à horizon infini, de sorte que sa fonction de consommation agrégée se ramène à celle d'un agent représentatif. Du coup, les variables démographiques importantes dans l'hypothèse du cycle de vie n'ont qu'un poids marginal dans la théorie du revenu permanent. Par ailleurs, cette dernière adopte une approche en flux, alors que l'hypothèse du cycle de vie est une approche en stock. L'absence de données sur le stock de richesse ou le patrimoine des ménages explique que Modigliani et Brumberg aient consacré plus de place aux développements formels qu'aux tests empiriques. Par contre, la théorie du revenu permanent se prête bien aux vérifications empiriques. Cependant, les deux approches sont plus complémentaires que substituables [Mayer (1972)], de sorte que l'hypothèse du cycle de vie fournit des fondements microéconomiques formels aux fonctions d'épargne et/ou de consommation, là où la théorie du revenu permanent tente de les reformuler sous forme économétrique.

Selon l'hypothèse du revenu permanent, les agents considèrent le revenu courant comme la somme de deux composantes à savoir le revenu permanent et le revenu transitoire. Le revenu permanent est la partie du revenu que les gens s'attendent à conserver dans l'avenir, et le revenu transitoire celle dont ils ne prévoient pas le maintien. Le revenu permanent apparaît comme le revenu moyen et le revenu transitoire comme l'écart aléatoire par rapport à cette moyenne. Ainsi, les consommateurs dépensent leurs revenus permanents de façon proportionnelle, mais tendent à épargner plutôt qu'à dépenser l'essentiel de leurs revenus transitoires. Cette hypothèse du revenu permanent sera plus tard augmentée des anticipations rationnelles : si l'hypothèse du revenu permanent est vérifiée, et si les consommateurs ont des anticipations rationnelles, il est impossible de prévoir les variations de la consommation dans le temps [Hall (1957)]. Les consommateurs confrontés à des variations de leurs revenus s'efforcent de lisser au maximum leur consommation dans le temps. A chaque moment, ils basent leur consommation sur les anticipations qu'ils ont actuellement quant à leurs revenus tout au long de leur vie. Les événements nouveaux qui modifient ces anticipations les amènent à faire varier leur consommation. Et les variations de cette consommation reflètent des " surprises " qui affectent le revenu calculé sur l'ensemble de leur vie. Si les consommateurs utilisent toute l'information disponible de manière optimale, de telles "surprises" sont nécessairement non prévisibles.

I.5. Le niveau des prix et l'effet d'encaisses réelles

La baisse du niveau général des prix augmente la valeur des encaisses réelles détenues par les consommateurs, et donc leurs richesses, et tend à accroître leur consommation. La hausse des prix aurait l'effet inverse. Cet effet de la variation du niveau général des prix sur la consommation via le niveau d'encaisses réelles est appelé « **effet Pigou** ». Il faut cependant noter que cette influence du niveau général des prix est fréquemment contrecarrée par le phénomène d'anticipation beaucoup plus puissant : une hausse des prix peut conduire les consommateurs à accroître leurs achats s'ils prévoient une nouvelle hausse de prix ; au contraire une baisse de prix peut les inciter à retarder leurs achats dans l'attente d'une nouvelle baisse. Tout dépend en la matière de l'élasticité des anticipations de prix, définie par Hicks (1980) comme le rapport entre la variation prévue du niveau des prix et la variation constatée de ce même niveau des prix. Suivant que ce rapport est supérieur ou égal à l'unité, on prévoit une variation supérieure ou égale à la variation constatée du niveau général des prix. Toutes les théories sur la fonction de consommation visent à montrer que la consommation n'est pas fonction univoque du revenu courant. Elles postulent que, dans la réalité, la propension marginale à consommer sur laquelle repose le principe du multiplicateur budgétaire ou fiscal est instable ou non significative, ce qui rend la politique budgétaire moins prévisible, voire imprévisible contrairement aux propositions keynésiennes.

Cependant, force est de constater qu'en général d'autres facteurs spécifiques aux espaces géographiques peuvent s'avérer d'un fort pouvoir explicatif du comportement des ménages. A ce propos, le point suivant est consacré aux facteurs de la consommation pour l'Afrique subsaharienne.

Section II
Arguments de la fonction de consommation en Afrique et leur vérification empirique

Le problème fondamental que soulèvent les précédentes théories sur la fonction de consommation vient du principe de la rationalité individuelle par lequel on pourrait définir un consommateur-type représentatif de tous les autres agents, maximisant son utilité par rapport à son objectif et compte tenu de sa contrainte budgétaire. Mais, dans la réalité, on observe une diversité de réactions et de comportements des agents en fonction de leurs cultures, de leurs habitudes, des contraintes macroéconomiques, religieuses et sociales qui varient dans le temps et dans l'espace. C'est la raison pour laquelle nous présentons comme préalable à cette section les particularités de la fonction de consommation en ASS (**II.1**). Ensuite, il est question de vérifier le pouvoir explicatif des variables retenues, avec pour but ultime de trouver les fondements théoriques des politiques budgétaires (**II.2**)

II.1. Particularités de la fonction de consommation en ASS

Les pays africains au départ financièrement réprimés (Mc Kinnon, Shaw, 1973) se sont engagés très timidement dans la libéralisation financière, de sorte que la contrainte de liquidité pèse encore lourdement sur les décisions de consommation des ménages. Une telle situation donne un poids très important au revenu courant dans la détermination du niveau de consommation [Villieu (2001)]. Cette contrainte est encore plus forte pour les ménages ruraux à très bas niveaux de revenus du fait de la faible productivité agricole. De plus, les revenus agricoles sont instables et incertains car étant tributaires de beaucoup de facteurs non maîtrisables comme le climat. Le risque agricole est si élevé que les demandes de micro- crédits de consommation, en dépit de leurs échéances courtes, ne sont pas honorées par les institutions financières.

En outre, la consommation n'est pas uniquement déterminée par les ressources des agents ; elle est aussi, dans le contexte des pays africains, largement influencée par les disponibilités de biens et services offerts pour la consommation (Sen, 1982). Or, l'instabilité de la production est généralement plus grande dans les pays en développement que dans les pays développés et, plus précisément, la production alimentaire en Afrique subsaharienne est beaucoup plus marquée par des variations assez brutales, notamment en fonction des aléas climatiques [Recquier-Desjardins (1995)].

Ce résultat amène les ménages ruraux à faire le lissage intertemporel de la consommation, afin de se prémunir contre le risque alimentaire. Mais ici, ce lissage ne répond pas à l'impératif de type cycle vital. Il répond au problème d'insécurité alimentaire. Au niveau macroéconomique, on constate une forte variabilité des importations alimentaires en Afrique subsaharienne : si la décennie 1970 a connu une croissance importante des importations en valeur et en volume, la décennie 1980 a été plutôt marquée par une baisse continue en valeur et une hausse saisonnière en volume au milieu de la décennie. Selon Géronimi et Hugon (1995), les instabilités par pays, fortes dans les années 1970, ont eu tendance à se réduire dans les années 1980.

Néanmoins, on ne peut pas négliger le poids de la solidarité africaine en matière de transferts de revenus. A côté du revenu individuel, il existe un revenu « social » qui entre en jeu dans la détermination du niveau de consommation [Mahieu (1995)]. Ceci implique un certain niveau d'altruisme de proximité [Vermersch (2002)] qui caractérise les ménages africains, surtout de l'Afrique de l'Ouest. Dès lors, les **tableaux 12** et **21**, ainsi que le **graphique 3,** retracent l'évolution de la consommation et du revenu.

Tableau 21. Consommation courante des ménages en millions de dollars américains

	1970	1975	1980	1985	1990	1995	2000
Burkina F.	370	690	1630	1220	2140	1610	1670
Burundi	210	386	840	1010	1070	914	637
Cameroun	817	1980	4620	5240	7420	5720	6170
C. -Ivoire	830	2350	6390	4090	7770	6910	6680
Mozamb.	2120	2590	3470	4100	2480	2170	2960
Nigeria	10000	18500	36300	21000	15800	19800	18700
Rwanda	193	444	9690	1380	2160	1220	1590
Sénégal	668	1440	2530	2220	4350	3430	3440
Swaziland	61,6	139	433	279	521	1020	1110
Tanzanie	2410	2890	3510	3210	3450	4550	7600
Ouganda	2450	2560	2650	2750	3960	4770	5360
Zambie	705	1270	2140	1400	2120	2610	2510
Zimbabwe	1330	2880	4520	3480	5540	4630	4690
Gabon	118	507	1120	1080	2960	1910	3040
Kenya	965	2220	4850	3770	5710	6680	8120
moyenne	1090	2190	4650	3530	4500	4530	4950

Source: Tableau construit à partir des *Indicateurs de développement mondial*, Banque mondiale, CD-Rom 2002.

Graphique 3. Evolution de la consommation et du PIB courants en niveau

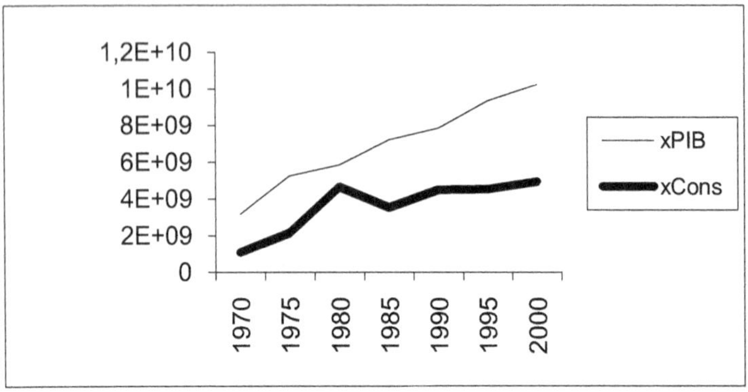

Source : graphique tracé par l'auteur à partir de la moyenne du tableau 12 et de celle du tableau 21.

Il est clair que la consommation et le revenu évoluent de façon convergente. Si on considère les diverses disparités entre pays, les moyennes sont rehaussées par les niveaux des pays à plus haut niveau de revenu. C'est ainsi que la consommation des ménages burundais par exemple est de loin inférieure à la moyenne calculée sur l'Afrique subsaharienne.

II.2. Tests sur la fonction de consommation

a) Choix des variables pertinentes et spécification du modèle

La fonction de consommation keynésienne met en relation la consommation agrégée courante (C_t) et le revenu national (Y_t): $C_t = f(Y_t)$. Très souvent, le revenu national est approximé par le niveau du produit intérieur brut (PIB_t).

D'après la théorie du revenu permanent [Friedman (1958)] combinée à celle de l'hystérésis de consommation [Brown (1952)], la consommation courante dépend du revenu courant, des revenus et de la consommation des périodes passées. Ceci implique alors que le nombre de retards dépend ici de la stabilité de l'économie qui se manifeste par celle du revenu, et de la stabilité des habitudes de consommation des agents ; dans l'hypothèse où le revenu permanent dépend du revenu courant et de celui de la période précédente, la fonction de consommation prend la forme :

(1) $C_t = f(Y_t, Y_{t-1}, C_{t-1})$

Cette équation (1) combine les modèles de Keynes, de Friedman et de Brown. Si la théorie keynésienne est totalement vérifiée, tous les coefficients estimés sont statistiquement nuls sauf celui du revenu courant Y_t ce qui signifie que seul le revenu courant explique la consommation courante. Si les coefficients estimés pour les revenus et les consommations de la (des) période(s) précédente(s) sont statistiquement différents de zéro, les facteurs susmentionnés se partagent l'explication de la consommation. En raison des pressions inflationnistes qui pèsent sur les décisions des ménages en Afrique, il est pertinent d'incorporer dans cette précédente fonction de consommation la variable prix. A ce moment-là, le modèle à tester devient :

(2) $C_t = f(Y_t, Y_{t-1}, C_{t-1}, P_t)$

(3) $C_t = a_0 + a_1 Y_t + a_2 Y_{t-1} + a_3 C_{t-1} + a_4 P_t + e_t$

Spécifiée en panel et en logarithmes, l'équation (3) peut prendre la forme générale d'un modèle à erreurs composées, soit :

(4) $c_{i\,t} = a_0 + a_1 y_{i\,t} + a_2 y_{i\,t-1} + a_3 c_{i\,t-1} + a_4 p_{i\,t} + e_{i\,t}$

avec :

(5) $e_{i\,t} = k_i + v_{i\,t}$ et $E(k_i / v_{i\,t}) = 0$

Le résidu comprend un terme d'effet spécifique k_i, caractéristique d'un pays quelconque. Ce terme est aléatoire et reflète la perturbation propre à chaque pays dans la fonction de consommation. L'autre composante v_{it} est l'erreur non spécifique aux pays.

L'équation (3) peut aussi prendre la forme d'un modèle à effets fixes :

(6) $c_{i\,t} = a_{i\,t} + a_1 y_{it} + a_2 y_{it-1} + a_3 c_{it-1} + a_4 p_{i\,t} + v_{i\,t}$

Avec :

(7) $a_{it} = a_o + k_i$ où les effets spécifiques aux pays (k_i) ne sont pas aléatoires, mais sont plutôt extraits de la constante.

Dans l'introduction générale - partie méthodologie-, nous avons expliqué pourquoi le choix du modèle à erreurs composées. Les résultats de l'estimation, avec des variables centrées (estimation *within*), sont présentés dans le **tableau 22**.

Tableau 22. Résultats d'estimation de la fonction de consommation

variables	**Coeffi-cients**	**Statisti-que « t »**		
y_{it}	0.873	2.453		
y_{it-1}	0.025	3.578		
c_{it-1}	0.065	4.121		
p_{it}	-0.134	-2.387		
Effets spécifiques				
Nigeria	0,336		Kenya	0,389
Côte-d'Ivoire	0,264		Ouganda	0,267
Burkina Faso	0,356		Tanzanie	0,295
Sénégal	0,125		Mozambi-que	0,103
Gabon	0,212		Zambie	0,111
Cameroun	0,253		Zimbabwe	0.358
Burundi	0,271		Swaziland	0,114
Rwanda	0,307			
R^2	0,956			
DW	1,913			
N	465			

b) Commentaire statistique et économique des résultats

Si l'on compare le « Student » critique (1,96) et les « Student » calculés en valeurs absolues, l'on constate que les coefficients estimés sont différents de zéro. De même, l'ajustement est suffisamment fiable avec un coefficient de détermination proche de l'unité. Enfin, nous concluons à l'absence d'autocorrélation, de par le DW qui est proche de deux.

En analysant les coefficients estimés et en les comparant entre eux, il devient clair que, en ASS en général, le revenu courant explique plus que toutes les autres variables la consommation. La deuxième variable forte est le niveau des prix, ce qui est compréhensible étant donné que la hausse des prix détériore le pouvoir d'achat des ménages.

En particulier, eu égard aux effets spécifiques, l'environnement macroéconomique qui désigne ici l'ensemble des indicateurs autres que les variables explicatives du modèle est plus favorable à la consommation en zone franc que dans la plupart des autres pays et ce, à plus forte raison au Burundi et au Rwanda. Certains pays d'Afrique de l'Est comme le Kenya et l'Ouganda et de l'Afrique australe comme le Zimbabwe manifestent aussi une dynamique comparable à celle de la zone franc.

Ces résultats montrent une fois de plus que le revenu courant explique la consommation, plus que tous les autres facteurs. Les problèmes économiques qui frappent l'ASS ne viennent donc pas de l'indifférence des agents face à des politiques de relance budgétaire passant par l'incitation à la consommation.

Conclusion du chapitre : leçons suggérées par la fonction de consommation

L'objectif de l'étude de la fonction de consommation était, rappelons-le, de voir si les agents sont prêts à augmenter leurs dépenses de consommation chaque fois que leurs revenus s'améliorent suite à des politiques budgétaires expansives, ce qui inciterait les entrepreneurs à investir davantage et à produire plus. La fonction de consommation est donc l'un des fondements microéconomiques de la politique budgétaire. Les effets d'un accroissement des dépenses publiques ou d'une réduction des impôts dépendent de la force du multiplicateur qui est d'autant plus grande que la propension marginale à consommer est plus élevée.

Les résultats de l'estimation de la fonction de consommation en ASS montrent justement que la consommation des ménages réagit fortement à la variation du revenu courant. A partir de cette constatation, nous pouvons postuler que la politique de déficits est une incitation significative à l'investissement et à la production. Cependant, il existe dans cette région un grand problème de répartition équitable du revenu national. Les accroissements de dépenses publiques sont plus profitables à une minorité dirigeante qui se livre à des dépenses moins entraînantes notamment les dépenses d'importation des articles de luxe. De même, suite à un manque d'intégration régionale, les marchés intérieurs sont trop étroits de sorte que les entreprises n'ont pas de grandes marges d'extension de leurs appareils productifs. Il se pose finalement la question de savoir si, dans la réalité, les politiques budgétaires expansives ont eu des effets positifs significatifs sur l'investissement et la production dans les pays en question, et c'est ce qui nous préoccupe dans le **chapitre III.**

Chapitre III

Fondements théoriques de la politique budgétaire

En théorie keynésienne, la relance budgétaire se justifie par la force du mécanisme de multiplicateur et d'accélérateur qui dépend en définitive de l'ampleur de la propension marginale à consommer. Néanmoins, certains effets des dépenses publiques transitent par l'accumulation du capital physique et humain, et se manifestent à long terme sur le taux de croissance. Ainsi, dans ce chapitre, nous développons les théories en présence sur les effets immédiats de la politique budgétaire et leurs vérifications empiriques sur le cas d'un panel de quelques pays d'ASS (**section I**). Après quoi, nous discutons, des points de vue théorique et empirique, l'impact des dépenses publiques sur les facteurs de la croissance (**section II**).

Ce chapitre se clôture par une synthèse – conclusion de la première partie qui consacrée aux facteurs sociopolitiques (formant l'environnement institutionnel) qui influent de façon déterminante sur l'activité et la production et qui entrent dorénavant en jeu dans la réussite des politiques économiques.

Section I
Effets à court terme de la politique budgétaire

L'impact à court terme de la politique budgétaire se résume par une série de conséquences immédiates des dépenses publiques sur les revenus des ménages et des entrepreneurs, selon des mécanismes bien connus. Dans cette section, nous analysons d'abord les théories sur la transmission d'un accroissement des dépenses publiques en termes d'effets de multiplication et/ou d'effets d'éviction (**I.1**) et, ensuite, nous passons à leur vérification empirique (**I.2**).

I.1. Mécanismes de transmission

L'efficacité de la politique budgétaire directe trouve ses fondements essentiellement dans les caractéristiques de la fonction de consommation. En effet, l'accroissement du déficit budgétaire occasionne une augmentation du niveau de la demande, qui stimule l'investissement privé et la production nationale. L'*output* compense la dépense de sorte que : « *L'augmentation de l'investissement autonome entraîne un accroissement plus important (effet de multiplication) de la production, de l'activité et de l'emploi»* [Abraham-Frois. (1994)].

Cependant, pour que le processus de multiplication fonctionne correctement, il faut que le système économique satisfasse à trois hypothèses complémentaires.

La première exprime la réaction des entreprises à une augmentation de la demande qui doit se traduire soit (1) par une augmentation de la production, soit (2) par un accroissement des prix de vente, (3) soit par une combinaison dans des proportions variables des deux premiers types de solution. Plus précisément, cette hypothèse exclut les réponses de type (2) ou (3). Elle stipule qu'en période de sous-emploi général, le système productif répond aux variations de la demande sans accroissement des prix; et c'est lorsque le revenu national atteint le seuil de plein emploi général que tout accroissement de la demande se traduit par un accroissement des prix (Keynes, 1936).

La deuxième hypothèse concerne la constance des capacités de production : la force de travail disponible est constante et les techniques de production sont données. Le revenu de plein emploi est par conséquent constant. Cette analyse est dite de courte période car on se préoccupe d'utiliser les capacités de production existantes. De cette hypothèse forte de la constance des capacités de production utilisées, il résulte deux conséquences :

(1) L'emploi suit la production : toute variation du niveau d'activité se répercute immédiatement et proportionnellement sur le niveau d'emploi.

(2) Il n'y a pas nécessité de politique de l'emploi dans ce modèle, puisque les variations de l'emploi sont exclusivement induites par les variations du niveau d'activité elles-mêmes déterminées par le niveau de la demande.

Enfin, la troisième hypothèse précise les modalités d'ajustement en situation de sous-emploi : lorsque le niveau de production Y est inférieur au niveau de plein emploi (Y_{PE}), il y a des capacités inutilisées (par exemple des hommes au chômage et des machines inemployées).
Dans ces conditions, l'ajustement se fait exclusivement par les quantités, par les niveaux de production et d'activité: l'activité est tirée par la demande :
(1) en cas d'accroissement de cette demande, les entreprises y feront d'abord face par le déstockage, puis par l'accroissement de la production (en faisant travailler davantage les capacités de production sous - utilisées c'est-à-dire le facteur travail (N) et le facteur capital (K) non employés avant.
(2) en cas de nouvelle diminution de la demande, les entreprises accroîtront dans un premier temps leurs stocks, puis diminueront la production et donc l'emploi (mais les prix seront peu ou pas affectés).

Ainsi, en période de récession, seul l'accroissement du déficit budgétaire permet de relever la demande globale et la production nationale. Il est généralement admis que seules les dépenses publiques financées exclusivement ou tout au moins pour une grande partie par emprunt sont susceptibles de stimuler l'activité économique via le relèvement du revenu disponible. Cependant, le théorème de Haavelmo (1945) ou du « multiplicateur du budget équilibré » nous apprend qu'un accroissement proportionnel des dépenses publiques et des impôts ($\Delta G = \Delta T$) se traduit par un accroissement du revenu national. C'est que l'effet multiplicateur des dépenses publiques l'emporte sur l'effet de sens inverse des impôts. Ainsi, pour une politique d'accroissement simultané des dépenses publiques et des impôts, une absence de variation du solde budgétaire n'est pas un signe d'absence d'impact. On généralise le théorème de Haavelmo en opérant une différenciation systématique des effets correspondant aux diverses catégories de dépenses et de recettes publiques.

Néanmoins, en économie ouverte, l'accroissement des importations consécutif à une politique budgétaire expansive altère la force du multiplicateur (dans la formule du multiplicateur, le dénominateur augmente de la propension marginale à importer, ce qui fait que la valeur du multiplicateur diminue). Toutefois, cet effet des importations pourrait être compensé par une croissance des exportations ou du solde positif des capitaux étrangers, conformément aux principes de Lerner-Marshall et de Mundell (1961).

Les effets de la politique budgétaire justifient de la sorte l'intervention vigoureuse de l'Etat en économie, surtout en période de crise. Mais ce paradigme a été controversé et remis en cause à plusieurs points de vue, par les théoriciens de l'HCV et ceux du revenu permanent.

En effet, les théoriciens de l'HCV admettent cette efficacité seulement à court terme et soutiennent qu'après un certain temps l'accroissement des dépenses publiques évince l'investissement privé en suscitant la hausse des taux d'intérêt [Ando, Modigliani (1976)]. Cette éviction indirecte d'origine monétaire, reconnue également par Hicks (1980-81), contrecarre alors les effets positifs attendus de la politique.

En outre, la typologie des phénomènes d'éviction faite par Buiter (1990) soulève le cas d'éviction directe ou d'ultrarationalité : l'éviction directe se comprend comme l'impossibilité pour le gouvernement de déplacer la courbe IS vers la droite en cas de politique budgétaire de dépenses ou de déficits accrus, du fait que l'augmentation des dépenses est compensée par une baisse de la consommation ou des investissements privés.

Tel est notamment le cas lorsque les agents prévoient rationnellement les accroissement des charges futures résultant des politiques entreprises ou estiment que l'action publique se substitue plus ou moins complètement à leur action privée dans tel ou tel autre domaine précis. Cela se produit fréquemment pour certains types de dépenses comme l'éducation, la santé, la sécurité,…où, chaque fois que l'Etat augmente son niveau d'intervention, les agents privés rabaissent le leur et inversement. Cette substituabilité peut aussi concerner certains impôts ou certaines cotisations sociales. De ce fait, ils arrivent à deux types de conclusion :

•$_1$. La politique budgétaire de déficits temporaires a un effet temporaire expansionniste qui passe principalement par les effets de richesse et leur influence sur la consommation des agents privés. Ainsi, les néoclassiques d'obédience Bernheim (1989) sont disposés à négliger comme les keynésiens les effets d'éviction sur l'investissement pour la courte période.

•$_2$. Par contre, les déficits permanents sont sans effets sur le niveau d'activité, puisque les agents anticipent la variation des charges futures payables sous forme d'impôt et augmentent en conséquence leur épargne. De ce fait, à long terme, la politique budgétaire qui substitue l'emprunt à l'impôt serait complètement inefficace.

En situant la politique budgétaire de long terme dans un contexte national, les gouvernements, soucieux de la stabilisation économique, ont intérêt à choisir un niveau bas du rapport dette publique/PNB afin de limiter la hausse des taux d'intérêt. Mais ces derniers ne dépendent pas exclusivement du niveau de cette dette en pourcentage du PNB, étant donné que :

D'une part, l'épargne nationale a deux composantes, une publique et une privée [Artus (1997)], relativement substituables si bien qu'un accroissement des dépenses publiques financées par l'emprunt peut s'accompagner d'une hausse équivalente de l'épargne privée, de façon à ne pas modifier le niveau de taux d'intérêt. Par ailleurs, quand l'économie est en sous- emploi, (ce qui constitue le cadre privilégié de l'analyse keynésienne), la demande de fonds pour les besoins privés est déjà faible et c'est là la cause initiale de la dépression en théorie keynésienne. L'effet d'éviction ne pourrait survenir qu'en fin de la période (processus) d'expansion quand les besoins du secteur privé et ceux du secteur public commencent à se faire réellement concurrence. Encore faut-il remarquer que les besoins d'endettement de l'Etat tendent à diminuer avec l'expansion selon le mécanisme des « stabilisateurs automatiques ».

D'autre part, l'influence de la dette publique sur le taux d'intérêt se trouve altérée en économie ouverte par les flux de capitaux [Cantor, Packer (1996)] et [Feldstein, Horioka (1994)]. Tous ces auteurs concluent que dans un monde où les capitaux circulent sans entraves la différence entre les niveaux intérieurs d'investissement et d'épargne peut toujours être comblée par l'épargne extérieure par le biais d'un déficit des paiements courants, ce qui annule l'effet d'éviction indirect prenant source sur le marché des fonds prêtables. Du point de vue empirique :

• Feldstein et Horioka (1994) trouvent une corrélation positive forte entre la dette publique nette et les taux d'intérêt réels nationaux dans les pays de l'OCDE à forte mobilité internationale des capitaux. Par là, ils prouvent que le pouvoir de stabilisation attendue des flux internationaux de capitaux est très faible et négligeable.

• D'autres tests empiriques comme ceux de Friedman (1992) et Artus (1997) aboutissent à des résultats relativement conformes aux prédictions théoriques.

Les théoriciens du revenu permanent concluent à l'équivalence impôt-emprunt : une réduction d'impôts financée par émission d'emprunts publics nouveaux n'affecte pas la demande de consommation des agents privés malgré l'accroissement de leur revenu disponible. De ce point de vue, les impôts et la dette publique sont équivalents. La raison en est que les dettes d'aujourd'hui seront les impôts de demain, de valeur actualisée égale aux impôts actuels évités, ce qui laisse invariant le revenu permanent calculé par les consommateurs pour établir leurs dépenses. Cette thèse directement liée à l'hypothèse d'anticipations rationnelles réfute complètement l'efficacité de la politique budgétaire keynésienne qui, parmi ses hypothèses de base, consacre l'illusion budgétaire dont seraient victimes les agents, stipulant qu'en cas de charge publique nouvelle le recours de l'Etat à la dette donne aux agents l'illusion qu'ils n'auront à payer que l'intérêt de cette dette, à l'exclusion du principal, ce qui peut les induire à ne pas limiter et à augmenter leurs dépenses de consommation.

En termes de choix du mode de financement des dépenses publiques, les tenants de cette thèse de la neutralité préfèrent la voie des impôts actuels, qui préserve les générations futures du paiement des intérêts de la dette, qui sont assimilables aux impôts futurs [Friedman (1984)].

Cependant, force est de remarquer la persistance du désaccord entre économistes sur l'hypothèse de substituabilité entre l'impôt et l'emprunt. Même en situation d'ultrarationalité, des auteurs keynésiens soutiennent que la politique budgétaire de régulation conjoncturelle passant par le déficit transitoire et non permanent est efficace [Bernheim (1989)].

A ce propos, certains économistes proposent plutôt un type de conception conciliant, compatible avec l'équité entre les générations : « Nous pensons qu'en temps normal le gouvernement devrait emprunter pour financer les accroissements de capital, et devrait réserver l'impôt pour couvrir les dépenses courantes » [Galbraith et Darity (1995)].

I.2. Tests sur les effets à court terme des politiques budgétaires en Afrique subsaharienne

Deux démarches sont généralement utilisées pour détecter les effets d'une politique de déficit sur l'économie. La première consiste à prouver que l'accroissement des dépenses publiques engendre celui de la consommation nationale : c'est l'approche dite des preuves indirectes de la non-neutralité des dépenses publiques (**I.2.1**).

La seconde consiste à tester la corrélation directe entre la variation des dépenses publiques nettes (donc du déficit budgétaire) et celle de la production. Cette méthodologie fournit en quelque sorte les preuves directes de la non-neutralité ou de la performance de la politique budgétaire (**I.2.2**).

I.2.1. Preuves indirectes de l'efficacité des politiques budgétaires : impact des dépenses publiques sur la consommation

a) Spécification du modèle et résultats d'estimation

En ce qui concerne la méthode des « preuves indirectes de la non-neutralité »[1], il apparaît clairement que la consommation agrégée et les dépenses publiques sont fortement corrélées. La plupart des travaux de vérification partent d'une simple relation dont la forme fonctionnelle en logarithme est :

(8) $C_t = f(D_t, D_{t-1})$

où C_t est la consommation courante, D_t le déficit courant et D_{t-1} le déficit de la période précédente. La forme linéaire de ce modèle est :

(9) $C_t = a_o + a_1 D_t + a_2 D_{t-1} + e_t$

Spécifiée en panels et en logarithmes, l'équation (9) devient:

---

[1] Preuves axées sur la relation consommation-dépenses publiques.

(10) $c_{it} = a_o + a_1 d_{it} + a_2 d_{it-1} + e_{it}$

avec : $e_{it} = k_i + v_{it}$ où k_i est la spécificité de chaque pays.

Comme les variables sont en logarithmes, les coefficients a_1 et a_2 sont des élasticités de la consommation par rapport à la dette courante et à la dette antérieure.

Si on estime cette fonction, avec des variables centrées (estimation *within*), et en corrigeant l'autocorrélation par le vecteur autorégressif d'ordre 1, pour le cas de l'ASS, on obtient les résultats suivants (**tableau 23**).

Tableau 23. Elasticités de la consommation par rapport au déficit

variables	**Coeffi-cients**	**Statis-tique « t »**		
d_{it}	0,654	7,469		
d_{it-1}	0,0587	4,121		
AR(1)	0,023	2,051		
Effets spécifiques				
Nigeria	0,514		Kenya	0,129
Côte-d'Ivoire	0,456		Ouganda	0,174
Burkina Faso	0,0145		Tanzanie	0,0991
Sénégal	0, 316		Mozambique	0,0653
Gabon	0,346		Zambie	0,0561
Cameroun	0,289		Zimbabwe	0,419
Burundi	0,087		Swaziland	0,089
Rwanda	0,0561			
R^2	0,909			
DW	1,89			
N	510			

b) Commentaire statistique et économique des résultats

Les statistiques de Student calculées comparées à la valeur critique (1,96) suggèrent que les coefficients de la régression sont significatifs. De même, la valeur du coefficient de détermination et du DW montrent que le modèle est fiable et exempt du problème de l'auto- corrélation.

Du point de vue économique, ce tableau montre que l'augmentation de la demande en biens de consommation consécutive à une augmentation du déficit public courant est de 65%. Partant, la politique de déficit n'est pas neutre. Elle produit des effets positifs sur la demande globale, ce qui devrait théoriquement stimuler l'investissement et la production.

Un tel résultat se retrouve dans d'autres travaux qui ont emprunté la même méthodologie dans les pays de l'OCDE. Les premiers de ces travaux [Boskin (1988), Kochin (1974), Feldstein (1982), Kormendi (1983)] établissent une relation directe forte entre l'accroissement de la consommation agrégée et celui des dépenses publiques. Le deuxième groupe d'investigations [Perelman *et alii* (1965) ; Gupta *et alii* (1996) ; Seater et Mariano (1985)] vérifie si les deux composantes, la publique et la privée de l'épargne nationale se compensent (auquel cas la politique de déficit serait inefficace) et trouve que c'est la consommation des ménages plutôt que leur épargne qui croît dans le même sens que les dépenses publiques. La troisième génération de ces recherches [Gupta et Moazzami (1996)] utilise une autre approche, celle des équations nationales de taux d'intérêt, pour tester le degré de neutralité pour un pays donné . Sa méthode consiste à tester si l'accroissement des déficits publics cause de manière significative l'accroissement du taux d'intérêt, et conclut que le caractère inflationniste de la politique budgétaire est intimement lié aux spécificités des pays.

Cependant, cette preuve indirecte n'est pas suffisante pour affirmer que les programmes de dépenses publiques ont généré de bons résultats en ASS. Par exemple, si la consommation augmente en biens et services importés, le processus de multiplication joue en faveur des producteurs étrangers. Il est donc nécessaire de vérifier la corrélation entre les dépenses publiques en question et la production nationale.

I.2.2. Preuves directes : réaction à court terme de la production nationale au déficit budgétaire

Entre la consommation et la production nationale, il peut exister beaucoup de mécanismes aussi bien favorables que défavorables à l'économie nationale. Les dépenses publiques stimulent la consommation nationale, mais les impôts qui sont censés financer les dépenses produisent des effets contraires. Aussi, comme nous venons de le mentionner plus haut, la consommation nationale peut augmenter plutôt en faveur des importations. De même, les investissements privés ne dépendent pas uniquement des anticipations des producteurs quant à l'accroissement de la demande en biens de consommation. D'autres facteurs comme le niveau de taux d'intérêt, les facilités de crédits à long terme, la situation politique, etc… peuvent fixer le volume des investissements privés à un niveau incompatible avec les prévisions du multiplicateur. Il importe alors d'établir la balance des effets des dépenses publiques sur la production nationale. Si l'élasticité de la production est positive, cela veut dire que les effets positifs dominent les effets négatifs.

a) Variables du modèle

Le modèle complet et opérationnel de politique budgétaire que nous estimons s'inspire du modèle fonctionnel d'une économie ouverte de type Mundell-Fleming. Dans ce modèle, la production répond de façon simultanée aux dépenses publiques nettes c'est-à-dire aux déficits publics, au taux d'intérêt qui représente n'importe quelle variable nominale et à la balance commerciale composée des importations et des exportations :

1°) Une augmentation relative (en pourcentage) du déficit public provoque une augmentation de la demande globale effective qui, à son tour, stimule l'augmentation des investissements et de la production chez les entreprises, par le canal du multiplicateur. Le signe théoriquement attendu est alors positif.

2°) Une modification du taux d'intérêt produit deux effets de sens opposés sur l'activité : en effet, une hausse de ce taux d'intérêt stimule les entrées de capitaux étrangers mais décourage les investissements privés. Pour les pays africains où la mobilité des capitaux est faible, l'effet total est négatif car l'élasticité des investissements par rapport au taux d'intérêt est en valeur absolue supérieure à l'élasticité des entrées de capitaux par rapport à la même variable (taux d'intérêt).

3°) Une augmentation relative des importations diminue la valeur du multiplicateur car une partie du revenu disponible destiné à stimuler la production nationale via la demande globale sert à l'achat des biens non produits localement et stimule plutôt la production étrangère. De ce fait, le signe attendu pour cette variable est négatif.

4°) Une augmentation relative des exportations contribue à l'augmentation du revenu national et du revenu disponible et renforce le jeu du multiplicateur ; donc le signe attendu est positif.

b) Spécification du modèle et résultats d'estimation

En séries temporelles et en logarithme (sauf pour le taux d'intérêt), le modèle de réaction de la production nationale à un accroissement du déficit public est de la forme :

(11) $y_t = f(d_t, r_t, h_t, x_t)$

où y, d, h et x sont respectivement la production nationale, le déficit, les importations et les exportations (en logarithme), r étant le taux d'intérêt réel (en niveau).

La politique budgétaire n'est pas homogène depuis les années 1970 : elle est expansionniste (politique de la demande) de 1960 au milieu des années 1980 et devient à partir des programmes de réformes une politique de l'offre (de minimisation du déficit interne et externe). Pour cela, nous introduisons dans le modèle une variable muette (u) dite encore dichotomique, qui prendra la valeur 0 avant les réformes budgétaires et la valeur 1 après celles-ci. L'équation (11) devient finalement :

(12) $y_t = f(d_t, r_t, h_t, x_t, u_t)$

En panel, l'équation (12) devient :

(13) $y_{it} = f(d_{it}, r_{it}, h_{it}, x_{it}, u_{it})$

La forme linéaire du modèle est :

(14) $y_{it} = c_o + c_1 . d_{it} + c_2 . r_{it} + c_3 . h_{it} + c_4 . x_{it} + c_5 . u_{it} + e_{it}$

Avec:
$e_{it} = k_i + v_{it}$ et $E(k_i/v_{it}) = 0$.
où k_i désigne les effets spécifiques à chaque pays dans l'équation (3) caractéristique de la production nationale. Cette composante est donnée dans ce modèle dit à effets aléatoires ou à erreurs composées. Nous corrigeons aussi l'autocorrélation par le vecteur autorégressif d'ordre 1 [AR(1)]. Les résultats de l'estimation sont présentés dans le **tableau 24**.

Tableau 24. Elasticités à court terme de la production par rapport au déficit public

variables	**coefficients**	**Statistique « t »**		
d_{it}	0,029	2,851		
r_{it}	-0,0025	-5,897		
h_{it}	-0,0063	-3,054		
x_{it}	0,025	2,781		
u_{it}	0,001	0,056		
AR(1)	0,004	2,003		
Effets spécifiques				
Nigeria	2,014		Kenya	0.389
Côte-d'Ivoire	1,564		Ougan-da	0.267
Burkina Faso	0,826		Tanza-nie	0,995
Sénégal	1,925		Mozam-bique	0,833
Gabon	1,212		Zambie	0,901
Cameroun	1,.043		Zimba-bwe	1,258

Burundi	0,351		Swaziland	0,714
Rwanda	0,562			
R^2	0,824			
DW	1,756			
N	510			

Une valeur de R^2 proche de l'unité et un DW proche de deux impliquent un bon degré d'ajustement ainsi qu'une absence de l'autocorrélation. Les *Student* calculés en valeurs absolues supérieures à 1,96, sauf pour la variable muette, suggèrent que les coefficients estimés pour les quatre premières variables sont significatifs. De ce fait, le niveau de déficit, le taux d'intérêt, les importations et les exportations sont des facteurs qui expliquent véritablement la production, avec des signes qui sont théoriquement attendus.

En considérant l'ampleur des élasticités de la production par rapport à chaque variable explicative, le niveau de déficit occupe la première place, suivi de la variable d'exportation. Il en découle que le niveau de déficit joue un rôle primordial dans l'économie nationale. Là, justement, se trouvent validés le mécanisme du multiplicateur des dépenses publiques et le théorème de Haavelmo où les effets positifs de la dépense dépassent les effets négatifs divers, notamment ceux liés aux impôts.

Pour tous les pays, les effets spécifiques sont positifs et mettent en évidence les différences entre certaines économies plus dynamiques (Côte-d'Ivoire, Sénégal, Cameroun, Gabon, Nigeria, Kenya , Ouganda et Zimbabwe) et les autres économies. Force est de constater que ces spécificités sont corrélées avec la spécialisation des pays. En effet, la lecture du **chapitre I- section I- paragraphe 1** montre que les pays les moins performants sont ceux à spécialisation purement agricole. Les économies réputées dynamiques sont par contre celles à spécialisation soit pétrolière, soit minière, soit mixte, la mono-exportation agricole étant appuyée par d'autres revenus issus du sous-sol favorable.

Si on isole la politique budgétaire pour l'étudier seulement pendant la période des réformes, le coefficient associé à la variable dichotomique est nul. Cela signifie que la production nationale n'a pas été suffisamment sensible aux réformes d'ajustement structurel. A ce propos, rappelons que, au premier chapitre, nous avions déjà démontré à quel point les réformes étaient timides, non substantielles. Dès lors, on comprend pourquoi les programmes d'ajustement conduits surtout dans l'esprit d'équilibrer la balance des paiements ont été inefficaces.

Tout compte fait, même si l'élasticité de la production par rapport au déficit est positive et supérieure aux autres élasticités, elle est très petite (0,029), ce qui traduit véritablement l'échec des politiques budgétaires entreprises depuis la période des indépendances. Si les excès de dépenses publiques des années 1960 et 1970 sont réputés avoir causé les déséquilibres macroéconomiques et l'inflation, les politiques d'austérité budgétaire et monétaire n'ont pas permis de redresser la situation depuis les années 1980. Le problème n'est donc pas le niveau de dépense, mais la gestion efficiente de celle-ci. Ainsi, on explique les échecs des politiques actives par une mauvaise gouvernance à la fois économique et politique.

Section II
Effets à long terme de la politique budgétaire sur la formation du capital physique et humain et sur la croissance

Le jeu du multiplicateur est valable à court terme, sous un certain nombre d'hypothèses dont la constance des capacités de production, qui ne sont pas pleinement utilisées. En relâchant ces hypothèses, autrement dit en faisant une analyse à long terme, l'accroissement de la production nationale ne serait possible que si le stock de facteur capital et/ou de facteur travail augmentait. En ce moment, l'influence des dépenses publiques sur la croissance passe par l'accumulation du capital aussi bien public que privé et du travail, tant en quantité qu'en qualité. Dans cet esprit, nous articulons la section en deux paragraphes. Le premier traite les dépenses publiques comme sources de croissance, en ce sens qu'elles permettent l'accumulation du capital physique et humain (**II.1**). Le deuxième (**II.2**) est réservé à la présentation des élasticités de la production par rapport au capital et au travail.

II.1. Les sources de la croissance

Tous les modèles de croissance présentent le stock de capital et de travail comme étant la principale source de croissance. Dès lors, les dépenses publiques agissent à long terme sur la croissance par le truchement de l'accumulation du capital tant humain que physique.

a) Dépenses publiques et accumulation du capital humain

Pour comprendre les décisions d'investissement en capital humain, il est nécessaire de distinguer la formation générale de la formation spécifique [Becker (1964)]. La formation générale améliore la productivité d'une personne pour un grand nombre d'emplois auxquels elle peut prétendre, tandis que la formation spécifique n'accroît sa productivité que pour un emploi particulier.

La formation générale s'acquiert par des études avant l'entrée dans la vie active ou par des périodes de formation en cours d'emploi. L'investissement éducatif a un rendement au même titre que tout autre investissement, et sa détermination se fonde sur une analyse coût-bénéfice. Ainsi, dans une situation de concurrence parfaite, les entreprises n'ont pas intérêt à financer les investissements en formation générale car elles ne peuvent en retirer aucun bénéfice. **Le capital humain spécifique** peut être valorisé sur un emploi particulier, mais le principe gouvernant le choix du montant de l'investissement dans ce type de capital est identique à celui de la formation générale : un investissement est rentable tant que son coût marginal est inférieur à son gain marginal. Mais, contrairement à la formation générale, en situation de concurrence parfaite, le capital spécifique est financé par les employeurs.

On constate donc que la part de l'Etat et du secteur privé dans le financement de la formation générale ou spécifique dépend du degré de perfection des marchés. De ce fait, dans les pays développés où les marchés sont plus réglementés, l'Etat se charge essentiellement de la formation générale et les entreprises s'occupent surtout de la spécialisation de leurs travailleurs actuels ou potentiels. Mais si on pousse l'analyse, on découvre aussi que les entreprises qui oeuvrent dans la formation de leurs agents sont des unités de grande taille économique et financière qui programment leur activité à court terme et à long terme.

Les deux critères (perfection des marchés et taille des entreprises) nous permettent d'expliquer la part de l'Etat et des entreprises dans l'accumulation du capital humain en ASS.

En effet, dans cet espace économique, les marchés sont trop imparfaits en raison de l'incapacité des institutions à réglementer l'activité économique. Plus concrètement :

1°) Le marché du crédit est si imparfait que les agents trouvent difficilement ou ne trouvent pas du tout des ressources nécessaires à la formation souhaitée. Face à ce manque de moyens, la formation générale est en grande partie assurée par les pouvoirs publics [Carneiro et Heckman (2002), Becker (1964)].

2°) Les externalités associées aux décisions de formation constituent une autre source d'inefficacité de l'investissement humain : l'acquisition du capital humain par un agent représente une externalité positive pour son entourage (l'éducation améliore la socialisation, réduit le taux de délinquance,...) sans que ces bénéfices soient sanctionnés par une rémunération [Heckman (2000)]. La formation individuelle a des conséquences sociales qui ne sont pas nécessairement valorisées sur le marché. Dans ce cas, les rendements sociaux de l'accumulation en capital humain sont supérieurs aux rendements privés [Thornton et Thompson (2001)] et les décisions individuelles non coordonnées conduisent à un niveau de formation générale trop faible, ce qui justifie une fois de plus le rôle que doit jouer l'Etat en cette matière.

3°) Le risque de *hold-up* conduit les employeurs à baisser le niveau d'investissement en capital humain général, parce que rien ne leur garantit la récupération des dépenses engagées [Katz et Ziderman (1990), Chang et Wang (1996)].
4°) L'imparfaite mobilité entre les emplois confère un certain pouvoir de monopsone aux entreprises, entraînant un sous-investissement en capital humain de la part des travailleurs. En effet, si les employeurs possèdent ce pouvoir, ils paient les travailleurs en dessous de leur productivité marginale. Ce résultat produit un impact désincitatif sur les décisions de formation [Acemoglu et Pischke (1999)].

En outre, il n'existe presque pas en ASS d'entreprises privées de grande taille capables de financer la formation de leurs travailleurs ou de leurs futurs travailleurs. Le peu d'entreprises qu'on y rencontre sont des PME raisonnant à court terme et ayant de petits chiffres d'affaires justes nécessaires pour le fonctionnement quotidien.

Par conséquent, (1) la distinction entre la formation générale et la formation spécifique n'est plus opérationnelle, (2) les investissements privés en formation sont insignifiants : les écoles primaires, secondaires et techniques privées représentent moins de 3% du patrimoine scolaire total [Banque Mondiale (2002)]. Les dépenses d'éducation nationale représentent près de 30% des dépenses totales annuelles. En dépit de l'importance des dépenses en capital humain, la demande d'éducation est loin d'être satisfaite ; en témoignent les **tableaux 19 et 20** : pour l'enseignement primaire, seulement 68 % sont scolarisés en 2000, ce qui signifie que 30 % sont soit juste alphabétisés dans les institutions religieuses, soit abandonnés analphabètes. Ensuite, pour le secondaire, ne sont admis que 42 % des effectifs inscrits en dernière année de l'enseignement primaire.

Cependant, les divers pays manifestent une certaine dynamique positive, si on étudie l'évolution des indicateurs de scolarisation (**tableaux 19 et 20**). Il reste à vérifier si cette dynamique se transmet dans la croissance.

b) Dépenses publiques et accumulation en capital physique

Dans la théorie de la croissance endogène, le capital ne désigne pas seulement la quantité d'un facteur donné, il inclut plusieurs aspects qu'on peut résumer sous le vocable de progrès technique ou d'innovations technologiques. Les innovations découlent soit du *learning by doing* c'est-à-dire de l'apprentissage par la pratique, soit d'un programme donné de recherche.
L'apprentissage par la pratique concerne les agents qui améliorent leur savoir-faire au travers de l'expérience professionnelle. Quant à la recherche, il y a moyen de distinguer, comme pour le capital humain, deux types à savoir la recherche fondamentale et la recherche appliquée.

Concernant leur financement, il est légitime que la recherche fondamentale soit financée par les fonds publics, puisque ce type de recherche est d'une rentabilité incertaine et lointaine : d'une part, l'applicabilité des résultats n'est pas immédiate, d'autre part, l'appropriation des gains économiques est difficile. En ce qui concerne la recherche appliquée, le rôle de l'Etat est plutôt de créer les conditions d'une renaissance des droits de la propriété intellectuelle. De ce fait, la production d'externalités serait au moins en partie rémunérée et leur utilisation en partie coûteuse.

Pour les pays de l'ASS, nous avons souligné, en expliquant l'inefficacité de l'investissement privé en capital humain, que la quasi-totalité des entreprises sont des PME qui n'ont pas de moyens pour assurer l'investissement à long terme. Dans le même ordre d'idées, ces entreprises n'ont pas de ressources pour financer ni la recherche fondamentale ni la recherche appliquée. Les deux volets de recherches sont essentiellement financés par l'Etat. Celui-ci finance plus de 70 % des programmes de recherche appliquée au sein des institutions spécialisées non universitaires et plus de 90 % des programmes de recherche fondamentale au sein des universités [CNUCED (2002)].

Outre la production d'effets externes ci-dessus mentionnés par le truchement de la diffusion du savoir et du savoir-faire, l'Etat a évidemment une influence directe sur l'efficacité du secteur privé, qui transite par les infrastructures publiques. Effectivement, ces dernières concourent intuitivement à la productivité privée. Ainsi par exemple, sans route, quelle serait la productivité d'une entreprise de transport ? Les infrastructures publiques sont des conditions matérielles de la production privée. Il est vrai que, par rapport aux pays économiquement avancés, le niveau d'infrastructures routières, d'équipement en télécommunication, d'équipements sanitaires, scolaires ou agricoles, et même d'entreprises publiques productrices de produits de consommation intermédiaires est très bas. Mais les dépenses au titre des investissements publics occupent une place non négligeable dans le total des dépenses totales : plus de 20 % en 2000.

En définitive, les dépenses publiques en capital humain et en capital physique sont au moins en partie financées par impôt. Ainsi se pose la question de savoir si les effets négatifs de la taxation qui en découle dominent (ou sont dominés par) les effets induits positifs sur la croissance.

Du point de vue empirique, le premier groupe de travaux arrive au résultat selon lequel le taux de croissance stationnaire de l'économie est positivement lié à la part relative des dépenses en capital physique et humain [Barro (1990), Rebelo (1991)]. La deuxième série de recherches conclut que la présence d'externalités conduit inévitablement à la non-convexité de la technologie et à l'existence des rendements d'échelle croissants [Romer (1986), Lucas (1988), Barro (1990), Azariadis et Drazen (1990], et plusieurs études, notamment celle d'Ashauer [(1989a), (1989b)], valident l'existence d'une corrélation positive entre les dépenses publiques et la croissance : les externalités des dépenses publiques induisent des rendements d'échelle croissants dans la fonction de production des agents privés. Enfin, la troisième série de tests [Nurkse (1953), Rodinson (1958), et Rosenstein (1943)] démontre que l'insuffisance du stock de capital physique et humain est le principal obstacle au « décollage » des pays en voie de développement. Les implications de ces externalités sont si importantes qu'il est possible de croire que le stock de capital physique ou humain d'une petite économie soit capable de générer des rendements d'échelle croissants [Stem (1990) et Krugman (1989)].

Pour le cas des pays de l'ASS, nous allons apprécier la sensibilité de la production par rapport au changement dans le stock de travail et de capital, au travers de l'une des formes de la fonction de Cobb-Douglas. A partir des élasticités obtenues, nous serons en mesure de démontrer à quel point les programmes de dépenses publiques ont influencé indirectement la production nationale par le biais de l'accumulation du capital physique et humain.

II.2. Elasticités à long terme de la production par rapport au capital et au travail

Pour estimer la relation entre la productivité nationale et les dépenses publiques, nous nous inspirons de la spécification d'Aschauer (1989), Holz *et alii* (1988), Munnell (1990a), Costa *et alii* (1987), Eisner (1991) et bien d'autres, partant de la fonction de production nationale qui, **en séries temporelles et en niveau**, est de la forme :

(15) $Y_t = A\, N_t^{\alpha} L_t^{\beta} W_t^{\gamma}$

où Y est la production nationale, N le stock de capital privé, L le niveau d'emploi et W le stock de capital public, A étant un simple paramètre d'échelle.

En réécrivant cette relation en logarithme et en adoptant la spécification de panel, nous obtenons la forme linéaire suivante :

(16) $y_{it} = a + \alpha n_{it} + \beta l_{it} + \gamma w_{it} + e_{it}$

Enfin, nous corrigeons l'autocorrélation par l'introduction dans le modèle de la relation autorégressive d'ordre 1 [**AR(1)**]. L'estimation de cette relation donne les élasticités de la production (**tableau 25**).

Tableau 25. Valeurs des élasticités de long terme de la production par rapport au capital et au travail

variables	**Coefficients**	**Statistique « t »**		
n_{it}	0,211	3,451		
l_{it}	0,056	8,456		
w_{it}	0,016	7,504		
AR(1)	0,0001	2,015		

Effets spécifiques				
Nigeria	0,214		Kenya	0,217
Côte-d'Ivoire	0,125		Ouganda	0,189
Burkina Faso	0,0256		Tanzanie	0,078
Sénégal	0,108		Mozambique	0,065
Gabon	0,136		Zambie	0,053
Cameroun	0,182		Zimbabwe	0,210
Burundi	0,012		Swaziland	0,047
Rwanda	0,016			
R^2	0,980			
DW	1,703			
N	510			

Les valeurs prises par le coefficient de détermination et par le DW montrent que le modèle est fiable et sans problème d'autocorrélation. Le test de Student montre que les coefficients estimés qui sont les élasticités de la production par rapport au capital privé, au travail et au capital public sont significatifs au seuil de 5%.

Les facteurs capital et travail influencent positivement, à long terme et de façon déterminante, la croissance. Ce comportement collectif pour les pays de l'ASS peut néanmoins se nuancer par les effets spécifiques : le *groupe de tête*, c'est–à-dire dont les effets spécifiques sont les plus élevés, est constitué des pays à spécialisation pétrolière, minière ou mixte. Le *groupe de queue* est dominé par les pays à spécialisation purement agricole.

En considérant l'ampleur des élasticités, on se rend compte que le taux de croissance de la production reste inférieur au taux de croissance des inputs capital et travail, ce qui semble faire comprendre que, à un certain horizon lointain, cette croissance va s'arrêter. Donc, les pays de l'ASS devraient revoir leurs stratégies de développement, notamment en matière de gestion des dépenses publiques. Cette interpellation se retrouve déjà dans les conclusions des travaux de la Banque Mondiale (1994) et des études économétriques récentes, qui mettent en relief les enjeux pour les pays de l'ASS des modes d'affectation des ressources publiques : [Gemmel (1996), Kahn *et alii* (1997)]. Les pays en développement en général et de l'ASS en particulier devraient augmenter les investissements en ressources humaines et en capital public productif.

Pour les ressources humaines, bien que les taux de scolarisation se soient améliorés, la qualité de l'enseignement tant primaire, secondaire qu'universitaire ne cesse de baisser, à cause de la dégradation des moyens pédagogiques et même de la vie des enseignants. De ce fait, les taux ou les chiffres qui mesurent la quantité des services d'enseignement ne traduisent pas forcément l'accroissement de la capacité productive.

Pour le capital physique, les efforts constatés en matière d'infrastructures de base comme les routes, l'électricité, la télécommunication restent insignifiants par rapport au reste du monde. Encore faut-il constater que certains équipements sont mal répartis à l'intérieur de chaque pays, de telle sorte que les zones d'où proviennent les dirigeants sont les plus prioritaires malgré leur faible productivité.

Conclusion du chapitre

Nous venons de présenter quelques preuves de la performance des politiques budgétaires en ASS. Les élasticités de la consommation par rapport au déficit (**tableau 23**), les élasticités à court terme de la production par rapport au déficit public (**tableau 24**), les élasticités à long terme de la production par rapport au capital et au travail (**tableau 25**) justifient la politique budgétaire keynésienne en Afrique.

Le fait que la consommation nationale soit sensible aux dépenses publiques signifie en fait que les agents pensent peu aux impôts futurs et augmentent plutôt leur niveau de vie quotidien chaque fois que les revenus distribués à travers les politiques publiques augmentent. L'épargne, considérée dans l'optique keynésienne comme une fuite, une altération de la force du multiplicateur, varie moins proportionnellement que la consommation. Cela explique pourquoi, à court terme, la production et les dépenses publiques augmentent simultanément, bien que dans des proportions différentes. Nous parlons des effets à court terme parce que, à une période donnée, certains impacts sont encore latents :les étudiants en formation n'ont pas encore commencé à travailler, certains investissements publics n'ont pas encore eu le temps de produire des externalités, etc. C'est la raison pour laquelle nous avons introduit les effets à long terme qui transitent par le capital physique et humain. Ces effets sont aussi un signe positif comme théoriquement attendu, mais moins importants que leur cause (augmentation des dépenses publiques).

Ainsi, les fondements théoriques étant suffisamment vérifiés, on attribue la faible performance de la politique budgétaire à une défaillance institutionnelle qui n'est pas compatible avec le principe de la finance fonctionnelle ou de la rationalité allocative des ressources publiques. Analyser la situation actuelle des institutions et émettre les propositions en faveur d'une finance optimale, tels sont les axes de la conclusion et des recommandations de la première partie.

Conclusion de la première partie : contraintes à la performance des politiques budgétaires en ASS

A la lumière des analyses faites dans les trois précédents chapitres, nous validons le sens de corrélation prédit par la théorie économique entre la production nationale et ses facteurs explicatifs, qui sont en fait les variables décisionnelles de la politique budgétaire. Néanmoins, cette corrélation est trop faible, ce qui veut dire que l'impact des politiques expansionniste et restrictive a été négligeable. Ce résultat défavorable est attribuable à un certain nombre d'obstacles tenant essentiellement à un environnement politique et institutionnel défavorable : ceux qui nous intéressent directement ici sont le problème de la finance non fonctionnelle, le phénomène de la corruption, l'instabilité politique et la fuite des capitaux.

a) Problème de la finance non fonctionnelle et loi de Wagner

L'une des normes d'efficacité allocative des ressources stipule que la croissance des dépenses publiques devrait se faire selon une règle fixe, en fonction de la progression du PIB. Cette proposition implique que les dépenses discrétionnaires sont pour la plupart moins productives et inutilement inflationnistes. Dès lors, la règle de croissance budgétaire à taux constant du PIB soulève quelques problèmes pratiques fondamentaux. En effet :

1°) C'est en situation de récession ou de crise socio-économique que la demande sociale en dépenses publiques s'accroît, en raison de la défaillance ou de l'insuffisance du secteur privé. La solution envisageable à ce paradoxe est une **règle souple associée à un certain niveau de discrétion contingente.** En situation de bonne conjoncture, la croissance des dépenses se décide selon la loi de Wagner, au prorata de la valeur du PIB considérée comme cible. En période de crise, la croissance des dépenses publiques est de type ***Demand Side*** et dépend des besoins fondamentaux de la population. Cet accroissement des dépenses publiques non induit par la croissance est qualifié d'*effet de déplacement* [Peacock et Wiseman (1961)].

Pour le cas des pays de l'ASS, les dépenses publiques semblent déconnectées de l'objectif de production et leur progression domine celle du PIB que ce soit pendant les deux décennies 60 et 70 de bonne conjoncture ou que ce soit depuis les années 80 où commence la récession.

2°) L'autre problème soulevé par le principe de la règle de croissance budgétaire est le caractère long et parfois irréversible du processus de décision budgétaire. Il est long parce que les changements de recettes et de dépenses publiques doivent être préalablement discutés à travers le processus parlementaire qui est annuel. De ce fait certaines décisions en matière budgétaire ne se font pas de façon permanente, mais doivent attendre un moment donné de l'année. Il est irréversible car les baisses de dépenses ou la hausse des impôts engendrant la diminution du revenu disponible des ménages provoque des soulèvements populaires. Il est donc difficile de procéder, à l'instar des décisions monétaires, à l'accroissement des recettes en situation d'expansion ou à la baisse des dépenses en cas de récession selon **une règle optimale**.

3°) Dans la réalité, les objectifs de politique budgétaire sont largement connectés à l'objectif personnel de futures réélections des actuels dirigeants. Très souvent ces objectifs sont interdépendants, de sorte que certaines décisions de stabilisation ne sont validées que si elles coïncident avec l'un ou l'autre des objectifs susmentionnés. Ce propos est central pour la gouvernance économique en ASS où les décisions de politique budgétaire sont beaucoup plus gouvernées par un impératif de redistribution en faveur des groupes ethniques au pouvoir ou des lobbies d'intérêt, au détriment de l'intérêt général et de la croissance comme le montrent Shleifer *et alii* (1998).

b) Le phénomène de corruption et son impact sur la croissance en ASS

Les objectifs de toute politique économique doivent être compatibles avec l'hypothèse que le gouvernement poursuit l'objectif ultime de bien-être des citoyens, et d'arbitrer le libre jeu du marché en despote bienveillant.

Cependant, pour les PED, les gouvernements n'ont cessé de manifester, dans la gestion de la chose publique, la primauté des intérêts individuels d'abord, ensuite de leurs familles nucléaires et élargies, et enfin des groupes de pression auxquels ils appartiennent : appartenance régionale, appartenance politique ou ethnique, etc. De ce fait, la gestion de la *chose publique* se caractérise par la corruption au sens général du terme : malversations économiques, détournements, offre de services publics contre tel ou tel avantage, etc.

Dans cet esprit, chaque responsable essaie de maximiser la rente de sa situation dans la fonction publique. Plusieurs économistes ont étudié l'impact de la corruption sur la croissance d'un pays donné et partagent l'idée de Kruger (1974) selon laquelle les gouvernements corrompus privilégient dans les arbitrages politico-économiques les projets générateurs de grandes marges de rente politique. Dès lors, les projets publics prioritaires sont ceux dont l'audit et le contrôle de gestion sont difficilement réalisables, par exemple dans les secteurs technologiquement spécialisés et à haute valeur ajoutée [Shleifer et Vishny (1993)]. Plus précisément, Hines (1995) avance que les transactions internationales comme celles concernant les avions militaires, les biens et services à haute technologie produits par un nombre limité de firmes oligopolistiques sont les plus sensibles à la corruption. Dans le secteur de l'éducation et de la santé, les gouvernements se concentrent sur les équipements et infrastructures de prestige et à grande possibilité de corruption. Les postes d'enseignement, de médecins et de soins infirmiers où les dépenses sont essentiellement les salaires connus par tous et donc à corruption nulle sont négligés.

Ainsi, la corruption agit négativement sur la croissance en modifiant la structure des dépenses publiques en faveur des projets favorables à la maximisation de rente mais moins entraînants, et au détriment des services qui devraient servir véritablement de facteurs de production de court et de long terme, phénomène déjà souligné par Levine et Renelt (1992) et Barro (1992). A ce propos, Mauro (1998) construit les indices de corruption, les régresse sur les variables de dépenses publiques et de croissance. Comme résultats, il trouve que la corruption affecte négativement les dépenses d'éducation et de santé publique et constitue ainsi un frein à la croissance économique.

b) Instabilité politique et stagnation économique

Les pays africains sont à la fois tributaires de leur passé (Congrès de Berlin de 1885 consacrant le partage colonial) et de leur histoire interne postcoloniale. Les gouvernements n'ont pas souvent mis en œuvre des politiques redistributives pour atténuer les conflits civils latents et ont exercé leur pouvoir sur des bases ethnico-linguistiques, religieuses... L'expérience des partis uniques, des syndicats d'étudiants, et des travailleurs soumis au pouvoir central est presque partout présente en Afrique dès les indépendances. Cette décentralisation explique comment dans ce continent, comparativement à d'autres pays en voie de développement qui étaient initialement dans les mêmes conditions économiques, comme ceux de l'Extrême-Orient, les organisations institutionnelles, le fonctionnement de l'Etat et de la vie politique ne sont pas neutres en ce qui concerne les performances de croissance et surtout de développement.

En effet, après trois décennies, que peut-on constater entre ces deux blocs ? (1) En 1960, les revenus par habitant de ces deux régimes étaient presque similaires, (2) les dépenses publiques étaient d'un volume comparable, mais la composition de ces dépenses d'un bloc à l'autre différait déjà : les pays africains privilégiaient la consommation publique, surtout celle destinée à l'emploi public. Les gouvernements africains recrutaient des fonctionnaires, membres du parti unique organisé autour d'une ethnie, d'une région ou d'une langue dominante ; (3) au début des années 90, les revenus par tête en Asie étaient cinq fois supérieurs à ceux des Africains et la consommation publique par rapport au PIB y était nettement inférieure [Semedo (2004)].

Le problème du désordre éventuel est lié à la force contractuelle du clientélisme : les leaders des diverses fractions qui se sentent lésés dans le partage du revenu national, n'adhèrent plus à la politique centralisée. Ils deviennent des rebelles potentiels, et la légitimité des coups d'Etat trouve ainsi un terrain fertile, dès lors que toutes les formes de contrôle direct et indirect du pouvoir central échouent. Un chef militaire qui s'arroge le pouvoir par la force, pour ne pas donner le sentiment d'être un dictateur, organise immédiatement après un putsch des élections (Tchad, Niger, Liberia...) et les gagne largement. C'est après que la dictature s'installe. Néanmoins, on constate que ces coups d'Etat, en tant que solutions détestables, tendent à diminuer avec le temps comme l'indique le **tableau 26** ci-après.

Tableau 26. Fréquence des coups d'Etat en ASS : 1960-2003

Année	Fréquence
1960-69	22
1970-79	13
1980-89	20
1990-1999	11
2000-2003	2

Source. Semedo G. (2004) : « Economie Politique des Questions africaines », *L'Afrique en Question*, Editions Ellipses

Ce tableau montre justement que, des années 1960 à nos jours, le débat démocratique devient de plus en plus une voie que comprennent la plupart des prétendants au pouvoir.

Il faut noter enfin que la démocratisation a été plus rapide et moins violente dans la zone franc CFA. Cette situation s'explique par l'absorption sans discrimination dans la fonction publique des cadres des divers groupes sociaux et ethniques, et par le versement de salaires élevés dès le début des indépendances [Semedo (2004)].

d) Fuite de capitaux et faiblesse de l'accélérateur

La situation africaine de fuite massive de capitaux, faisant même de l'Afrique un **créditeur net** selon les termes de Ndikumana et de Boyce (2003), est étudiée à partir des travaux précurseurs de Collier, Hoefler et Patillo (2001). La justification du créancier ou du créditeur net signifie simplement que le stock cumulé des sorties de flux de l'Afrique dépasse la valeur de l'endettement cumulé de ce continent depuis un certain nombre d'années. Pourquoi donc l'Afrique, alors qu'elle a besoin de capitaux pour se développer, en exporte-t-elle ? Comment expliquer ce paradoxe ? D'un point de vue théorique, une première explication est que les investisseurs institutionnels en Afrique diversifient leur portefeuille dans un contexte de mondialisation et d'évaluation des rendements du capital d'un endroit à l'autre de la planète où les risques sont différents. Des mouvements de capitaux intenses dans une direction donnée signifient alors des rendements relatifs plus élevés à cet endroit. Ainsi si l'investissement est risqué en Afrique, où le capital est rare et difficile à reconstituer, voire avec des délais de retour sur investissement élevés, il est compréhensible de voir des capitaux étrangers sous forme d'investissements directs ou de placements se détourner du continent. De surcroît, un tel environnement peut décourager l'investissement domestique. Dans ces conditions où les investisseurs locaux marquent une certaine défiance au regard du climat d'investissement, comment peut-on espérer que des banquiers, des financiers, des hommes d'affaires aussi expérimentés que ceux des pays développés s'y aventurent ?

Ce paradoxe apparent de l'habitat principal délaissé (mouvement des capitaux centripète) a eu également d'autres explications, basées notamment sur : (1) les risques asymétriques d'expropriation que peuvent subir les investisseurs locaux par rapport aux investisseurs étrangers [Khan, Ul Haque (1985)]. L'agent local est exposé à l'arbitraire, alors que l'étranger est protégé à la fois par son pays et par le pays d'accueil se voulant attractif par exemple avec un code des investissements favorable, et par des dispositifs internationaux voire des institutions internationales. Cette différence de traitement est constatée entre autres sur le plan fiscal. La dette peut augmenter tout en profitant aux bureaucrates, politiciens et investisseurs étrangers alors que des capitaux quittent le pays en voie de développement ; (2) la théorie de l'interactivité ou de la causalité réciproque voire circulaire [Boyce (1992]). L'endettement extérieur entretient la fuite des capitaux, et inversement la fuite des capitaux pousse à l'endettement. Par exemple, si un haut responsable politique dispose de la signature d'un pays, il peut obtenir un prêt international au nom de ce pays, et la dette augmente. Ensuite, il peut s'arroger le droit de placer ces capitaux dans une autre banque étrangère, d'où la fuite de capitaux.

Eu égard à toutes ces analyses, il devient clair que, pour une finance saine, il faut que les gouvernements en question parviennent à une bonne gouvernance économique et politique, en vue de la discipline et de la crédibilité budgétaires.

1°) Les gouvernements doivent faire une balance entre les dépenses discrétionnaires réputées être les moins entraînantes, même si quelquefois elles sont nécessaires, et les dépenses automatiques répondant aux besoins directs de l'économie. Par conséquent, la décentralisation des postes de décision serait une solution à la bureaucratie totalement inutile qui accompagne les circuits de recettes et de dépenses publiques depuis les années soixante.

2°) La décentralisation peut aussi constituer une voie de sortie face au fâcheux phénomène de corruption si elle est accompagnée de certains mécanismes de contrôle de gestion. De surcroît, la réduction des dépenses discrétionnaires va de pair avec la baisse du pouvoir des managers publics en matière de détournement et de corruption.

3°) De même, il est souhaitable que les pays de l'ASS fassent un effort de démocratie en vue d'arriver, à l'instar des pays développés, à une certaine stabilité politique, garantissant une paix durable, condition *sine qua non* de l'investissement, de l'activité et de la production nationale.

Les trois axes de rationalisation des dépenses publiques conduisent à une discipline budgétaire et, partant, à une politique budgétaire crédible qui, selon Fatas et Mihov (1996), se caractérise par (**1**) une stratégie budgétaire durable et stable précisant les options à court, moyen et long terme, (**2**) de faibles écarts entre les prévisions et les réalisations budgétaires, (**3**) un système de sanctions contre les décisions en dehors de la stratégie ou du budget annuel, (**4**) la publication et l'explication du budget au public. Plusieurs conditions sont alors exigées pour une politique budgétaire crédible [Addison et Ndikumana (2001)] : (**1**) les administrations publiques devraient être décentralisées ; il faudrait des stages de perfectionnement des travailleurs de la fonction publique, tout en éliminant les excès de personnel ou les travailleurs fictifs ; (**2**) pour une meilleure incitation à de bonnes prestations des agents de l'Etat, il est impératif d'ajuster les salaires du secteur public aux salaires du secteur privé ; (**3**) de même, il est recommandable de faire une planification à court , moyen et long terme du budget de l'Etat et moderniser les services de dépenses et de recettes fiscales ; (**4**) enfin, l'Etat devrait diminuer son degré de régulation et d'intervention sur le marché, notamment en privatisant les entreprises publiques qui concurrencent le secteur privé ou qui coûtent inutilement trop cher.

Du point de vue de la gestion efficiente des ressources publiques, les pays de l'ASS sont appelés à fournir un effort dans le sens de diminuer la part des dépenses non productives comme les dépenses militaires.

4°) Enfin, on peut regrouper les causes de la fuite de capitaux en deux principales catégories : les causes tenant à la mauvaise gouvernance économique et politique et les causes d'origine monétaire. La solution au premier groupe de problèmes est déjà donnée ci-dessus indirectement : très souvent, certains agents préfèrent cacher leurs avoirs à l'extérieur de peur d'être poursuivis soit pour les détournements qu'ils ont opérés en tant que responsables économiques ou politiques, soit pour les corruptions qui leur ont permis d'être plus riches. En ce moment, le renforcement de la bonne gestion et des institutions de bonne gouvernance comme la Cour des comptes opérationnelle serait une solution préventive contre la fuite de capitaux.

La catégorie des causes monétaires englobe plusieurs variables à savoir les niveaux bas de taux d'intérêt réels, la faiblesse de la demande de monnaie caractéristique des pays où les agents ont un revenu bas, la crédibilité de la politique monétaire de ces pays qui amène les agents à s'interroger sans cesse sur la valeur future de leur monnaie, les défauts d'intermédiation bancaire, etc.

Les solutions à ces problèmes monétaires ne concernent pas seulement la fuite des capitaux, elles forment un ensemble de mesures d'accompagnement de toute la politique budgétaire. En effet, les dépenses publiques ne peuvent avoir aucun effet positif si les autorités monétaires n'interviennent pas pour aider à stériliser les effets non désirés. Par exemple, une expansion budgétaire cause, toute chose égale par ailleurs, un accroissement du taux d'intérêt et donc une baisse de l'investissement et de la production nationale. Les dépenses automatiques que nous venons de proposer dans le cadre de la finance fonctionnelle réclament des changements monétaires qui sont aussi des conditions de leur efficacité productive.

De ce fait, l'analyse de la performance des politiques budgétaires et la proposition des voies de rationalisation des dépenses publiques ne suffisent pas pour résoudre les problèmes de sous-développement des pays africains. Il faut aussi étudier les contraintes monétaires qui pèsent sur les systèmes productifs et en donner les pistes de solutions. C'est là l'objet de la deuxième partie consacrée à la crédibilité des politiques monétaires et aux *policy mix* en Afrique subsaharienne.

Deuxième partie

Crédibilité des politiques monétaires et *policy mix* en Afrique subsaharienne

Les objectifs et les approches alternatives de la politique monétaire se discutent à partir de la fonction de demande de monnaie. Partant, certains soutiennent qu'il existe une forte relation aussi bien de court terme que de long terme entre les agrégats monétaires et les indicateurs d'activité, de sorte qu'une politique monétaire active et discrétionnaire revêt une force stabilisatrice indubitable. D'autres avancent que seule la relation de long terme entre la demande de monnaie et ses arguments explicatifs est stable, le lien de court terme étant réputé trop aléatoire ; ainsi, la politique monétaire active, loin de stimuler l'activité, ne peut que causer de l'inflation. Dans cette optique, l'objectif de la politique monétaire devient uniquement la lutte contre l'inflation. La croissance monétaire doit se faire à un taux constant, déterminé à partir de la croissance de la production.

Du point de vue de la crédibilité de la politique monétaire, les premiers prônent la subordination de l'autorité monétaire au gouvernement, afin que celui-ci puisse, en temps opportun, faire les arbitrages entre inflation et chômage qui s'imposent. Dans d'autres cas, la crédibilité de la politique monétaire réside dans la façon de stabiliser les prix et, partant, elle est grande lorsque la banque centrale est indépendante, ce qui lui permet de résister aux tentations inflationnistes du gouvernement.

Il existe entre les deux extrêmes plusieurs solutions intermédiaires notamment celle de la règle optimale contingente et flexible qui prévoit une certaine marge d'inflation tolérable dans des situations particulières de crise économique. En particulier pour les pays de l'ASS où les économies sont financièrement réprimées, la crédibilité de la politique monétaire repose également sur la libéralisation financière.

Mais une question fondamentale reste posée, à savoir quel objectif assigner à la banque centrale lorsque politique monétaire et politique budgétaire sont interdépendantes. Dès lors, il se pose un problème de combinaison des instruments, et plusieurs cas de *policy mix* sont envisageables : (1) celui avec autorité monétaire indépendante, (2) celui avec autorité monétaire subordonnée, (3) *policy mix* où les politiques budgétaire et monétaire sont automatiques. De là ressort clairement l'objectif de cette seconde partie :

D'abord, nous expliquons les facteurs de crédibilité des systèmes monétaires en ASS (**chapitre IV**). Ensuite, nous présentons le modèle de politique monétaire proposé pour les économies en développement financièrement réprimées (**chapitre V**). Enfin, nous étudions les modalités de *policy mix* et les propositions concrètes de relance économique à court et moyen terme (**chapitre VI**).

Chapitre IV

Crédibilité des politiques monétaires et fondements de la demande de monnaie en Afrique subsaharienne

La confiance dans une autorité monétaire relève de façon générale de la façon dont l'offre exogène de monnaie s'ajuste aux besoins des agents. Or, dans la plupart des gouvernements, à plus forte raison dans les Etats africains, l'émission monétaire est subordonnée à des décisions politiques. Ainsi, ce chapitre est articulé en deux sections : après avoir décrit la diversité des systèmes monétaires et leurs régimes de gouvernances politique et économique (**section I**), nous analysons les fondements théoriques et empiriques de la fonction de demande de monnaie en ASS (**section II**). Enfin, nous clôturons le chapitre par une brève **conclusion** qui indique la portée stabilisatrice des politiques monétaires dans l'espace économique susmentionné.

Section I
Systèmes monétaires et crédibilité de la politique monétaire en Afrique subsaharienne

Jusqu'au début des années 80, les discussions sur les mécanismes de consistance et de fiabilité des décisions monétaires se faisaient en termes de règle ou de discrétion dans l'émission de monnaie. Plus récemment, on s'est rendu compte de l'importance que revêt le niveau de responsabilité de l'autorité monétaire. Dans cette section, nous proposons d'esquisser les fondements microéconomiques de l'indépendance de la banque centrale (**I.1**) ; après quoi, nous montrons la dynamique concernant le poids des gouvernements et le statut des banques centrales spécifiques à l'ASS (**I.2**).

I.1. Fondements théoriques de l'indépendance de la banque centrale

La littérature sur l'indépendance des banques centrales provient du débat entre « règle et discrétion », initialement posé par l'école de Chicago [Simons (1936), Friedman et Schwartz (1963)]. L'argumentation « moderne » en faveur de l'indépendance de la banque centrale repose sur l'existence d'un biais inflationniste dans la politique monétaire (Fisher 1995, Lavigne & Villieu 1996). Elle se fonde sur un modèle particulièrement simple dû à Kydland et Prescott (1977) et Barro et Gordon (1983). Ce modèle suppose que l'inflation, phénomène exclusivement monétaire, est à la fois socialement coûteuse et sans effets réels, seule l'inflation non anticipée ayant un impact positif sur l'activité réelle.

La solution devient un recours à la règle qui empêcherait l'autorité monétaire de revenir de façon discrétionnaire sur les décisions annoncées, ce qui n'est possible qu'en cas d'indépendance de la banque centrale (indépendance des objectifs et / ou indépendance des instruments).

Néanmoins, il existe deux types de règles à savoir la règle active et la règle passive. La règle active milite en faveur de l'objectif de stabilisation macroéconomique. Du point de vue théorique, cette approche de politique monétaire se fonde sur l'existence de liaisons fortes et stables, aussi bien de courte période que de long terme, entre les agrégats monétaires et les indicateurs d'activité réelle comme le PIB [Mc Callum (1988, 1990), Taylor (1985), Pecchenino et Rasche (1990)]. Du point de vue empirique, plusieurs travaux utilisant un modèle à équation unique (un simple vecteur autorégressif) aboutissent à la conclusion que M1 comme M2 et le PIB varient dans la même trajectoire et sont corrélés à court et long terme.

En guise de proposition de politique économique, un accroissement de l'offre de monnaie par le biais d'une amélioration des variables instrumentales, par exemple une réduction du taux de refinancement ou du taux de réserves obligatoires, permet de stimuler l'investissement et d'accroître le PIB effectif vers sa cible, c'est-à-dire vers sa valeur frontière. D'après le principe de cette règle, la banque centrale doit baisser le taux de croissance monétaire lorsque le taux de croissance effectif du PIB diminue ou augmenter ce taux de croissance monétaire en cas inverse.

Les arguments en faveur de la règle passive poursuivent l'objectif de lutte contre l'inflation. Le point de départ de cette assertion est la viscosité des prix des biens et services par rapport aux chocs monétaires par laquelle les entreprises réagissent assez lentement à une variation de la masse monétaire en variant les prix de leurs commodités [Mankiw (1985), Kashyap (1992), Shapiro (1988)]. A partir de ce retard d'ajustement, les penseurs de la règle passive avancent qu'à court terme la relation entre les agrégats monétaires et les indicateurs d'activité réelle est trop aléatoire, trop instable et que seule la relation de long terme est acceptable comme critère de décision de politique monétaire. Cette assertion est corroborée par les tests économétriques basés sur les **modèles structurels**. A ce propos, Feinman et Porter (1992) concluent à l'absence de liens **stables** de courte période entre les variables susmentionnées.

La relation de long terme est validée par Sims (1981, 1986), Friedman (1993a, 1993b), King et Watson (1992)]. Ainsi, à court terme, quand la banque centrale n'est pas en mesure d'estimer correctement les besoins en monnaie des agents privés non bancaires (c'est- à - dire la demande de monnaie), elle risque d'en accroître inutilement l'offre, causant par là l'inflation. Dans ces conditions où la réaction de la production à un accroissement monétaire est inconnue ou mal connue, la politique monétaire de court terme doit avoir pour mission la lutte contre l'inflation, ce qui n'est possible que par une politique de taux d'accroissement monétaire constant calculé sur la croissance de l'activité réelle (règle passive).

En définitive, les deux principes de création monétaire convergent quant à l'objectif de lutte contre l'inflation. Ainsi la crédibilité de la politique monétaire réside dans la réussite de sa mission de stabiliser les prix, mais dépend énormément des relations de l'autorité monétaire avec le gouvernement. Partant, si la banque centrale est subordonnée aux objectifs de celui-ci, elle est obligée de créer de la monnaie inflationniste pour financer les déficits budgétaires. L'indépendance de la banque apparaît alors comme une condition s*ine qua non* de la crédibilité des mesures de politique monétaire.

Dans cette lignée d'arguments, le degré d'indépendance de la banque centrale se présente comme une fonction croissante du degré de priorité accordé à la lutte contre l'inflation [Cukierman (1992), Cukierman, Webb et Neyapti (1992)]. Le principe de l'indépendance étant acquis, on s'interroge sur les modalités de délégation du pouvoir à l'institution. A cet égard, Rogoff (1985b) montre que nommer un banquier central « conservateur », c'est-à-dire ayant une aversion pour l'inflation plus forte que celle de ses concitoyens, et lui conférer une indépendance des instruments et des objectifs permettent de diminuer le biais inflationniste de la politique monétaire. Même si l'autorité budgétaire dispose de la bonne fonction d'utilité sociale, il est avantageux pour la collectivité que la politique monétaire soit confiée à une autorité monétaire ne partageant pas ses préférences, mais qui soit plus conservatrice.

Les développements les plus récents [Walsh (1995), Persson et Tabellini (1993), Svensson (1995), Waller (1995)] sont plutôt en faveur d'un contrat optimal entre gouvernement et banque centrale (la relation entre les deux devient une relation principal-agent) : en effet, il s'avère que imposer une pénalité linéaire par rapport à l'inflation constitue une solution avantageuse au biais inflationniste : elle résout les problèmes liés à d'éventuels avantages informationnels de la banque centrale et induit une meilleure stabilisation des chocs réels que le banquier conservateur.

L'engagement sur une règle de politique monétaire ne constitue qu'une solution imparfaite au problème de coordination avec la politique budgétaire. En effet, il fait de la banque centrale le meneur du jeu et laisse la charge de la stabilisation reposer entièrement sur la politique budgétaire, de sorte que le recours à un dosage à la fois monétaire et budgétaire semble être abandonné. Toutefois, ce peut être la seule solution acceptable si la coordination est impossible car « *si on ne peut pas empêcher à ses deux mains de se battre entre elles, il vaut peut-être mieux s'en attacher une dans le dos* » [Blinder (1982)].

Le paradigme de l'indépendance de la banque centrale a eu des conséquences dans les relations entre l'autorité politique et l'autorité monétaire aussi bien dans les pays développés que dans les pays en développement. Pour le cas des pays de l'ASS, nous allons montrer la place que l'autorité monétaire occupe dans les décisions de politique économique, et ses conséquences sur la crédibilité de la politique monétaire.

I.2. Poids du gouvernement et statut des banques centrales en Afrique subsaharienne

a) Implication des gouvernements africains dans les décisions monétaires

L'Afrique offre une mosaïque d'organisations monétaires en fonction de plusieurs critères dont quatre retiennent notre attention :

(**1**) du point de vue du statut des banques centrales, on distingue des banques centrales supranationales de la zone franc et des banques centrales nationales des autres espaces [Guillaumont (1984)],

(**2**) concernant le niveau de développement financier, certains pays possèdent de nombreuses institutions financières (Nigeria, Afrique du Sud, Kenya), alors que la plupart n'en ont que très peu (Burundi, Rwanda, Ouganda, etc.),

(**3**) quant aux critères de convergence, on dénombre deux zones monétaires à savoir la zone franc (quatorze pays membres) et la zone rand (quatre pays membres). Cette dernière comprend l'Afrique du Sud, le Lesotho, la Namibie et le Swaziland. Néanmoins, il n'y a pas de monnaie unique comme dans la zone franc car les différents pays possèdent chacun sa propre monnaie mais qui est rattachée en parité fixe au rand sud-africain. Le rand circule librement dans l'union, et le capital est parfaitement mobile. L'Afrique du Sud y contrôle l'offre de monnaie et y bénéficie d'un seigneuriage monétaire très important,

(**4**) on constate que les pays en dehors de la zone franc ont choisi de lier leur monnaie soit au dollar, soit au rand sud-africain, soit à un panier de devises.

Cepen ant, malgré leurs différences, plusieurs caractéristiques sont communes à tous les systèmes monétaires et financiers de l'ASS :

(**1**) le système bancaire y est prédominant puisque les institutions non bancaires sont peu nombreuses voire inexistantes et que les bourses de valeurs mobilières y sont encore à l'état embryonnaire dans le peu de pays déjà dotés de tels marchés financiers,

(**2**) par conséquent, les banques sont les principaux intermédiaires dans le financement des activités nationales et assurent la transformation des ressources de court terme en emplois de plus long terme,

(**3**) les systèmes financiers africains sont peu profonds, étroits et peu diversifiés et n'assument que faiblement leur rôle dans le financement du développement [Popiel (1995)],

(**4**) quant à la diversité des régimes de change, on remarque qu'ils tendent à être similaires dans chaque région géographique. Par exemple, le régime de change fixe, soit relié à une seule devise, soit à un panier de monnaies, est dominant essentiellement en raison du nombre élevé de pays membres de la zone franc. La prédominance de régimes de change fixe reflète le faible développement financier et le rôle important des autorités monétaires dans l'offre de devises étrangères.

Globalement, l'environnement économique, politique et institutionnel dans lequel ces instituts d'émission travaillent et leurs caractéristiques générales en matière de financement du développement permettent de les identifier à des économies administrées ou à des économies d'endettement. Dans ce contexte, le recours au crédit bancaire par les pouvoirs publics est quasi systématique et la politique monétaire fait partie de la panoplie des instruments à la disposition du gouvernement. Ce faisant, la banque centrale occupe une position centrale dans le circuit économique et financier avec d'importantes conséquences dans ses relations avec le pouvoir politique et les autres acteurs concernés par la politique monétaire, notamment le système bancaire [Fry, Goodhart, Almeida (1996)]. Néanmoins, pour les pays de la zone franc, l'autorité monétaire est relativement indépendante de l'autorité politique, puisque les banques centrales sont supranationales.

b) Evolution du statut des banques centrales

Les banques centrales sont, sous leurs formes actuelles, apparues en Afrique subsaharienne à la fin des années 50 et au début des années 60. Comme le fait remarquer Diouf (1998), ces instituts d'émission de billets de banque sont tenus, dans l'esprit qui préside à leur mise en place, d'assurer une *mission de service public* et doivent être, de ce fait, soustraits aux influences d'intérêts privés. Leur capital est entièrement souscrit par l'Etat : ce sont des propriétés publiques. Cependant, leur statut juridique a évolué depuis leur mise en place (**tableau 27**).

Tableau 27. Evolution des procédures de mise en place des autorités monétaires

Pays	Anciennes structures	Nouvelles structures
Burkina faso Côte-d'Ivoire Niger Sénégal Togo	Institut d'émission de l'Afrique de l'Ouest et du Togo (1955)	Banque Centrale des Etats de l'Afrique de l'Ouest (BCEAO) en 1962
Cameroun Congo Gabon	Institut d'émission de l'Afrique Centrale et du Cameroun (1955), Banque d'émission de l'Afrique Equatoriale et du Cameroun (1959)	Banque des Etats de l'Afrique Centrale (BEAC) en 1972
Rwanda-Burundi Zaïre	Banque Centrale du Congo et du Rwanda-Burundi (1920)	Banque Nationale du Rwanda (BNR) en 1964, Banque de la République du Burundi (BRB) en 1964
Gambie Ghana Nigeria S.Leone	West African Currency Board (1913)	Central Bank of Gambia Central Bank of Ghana Central Bank of Nigeria Central Bank of S. Leone

Source : Diouf (1998) in Semedo et Villieu, 2ème partie, chapitre III

Leurs relations avec les gouvernements peuvent être analysées à partir des procédures de désignation de leurs principaux responsables et de la périodicité de leurs mandats.

b) Nomination des dirigeants

Dans la plupart des systèmes africains, les principaux responsables de la politique monétaire sont nommés et révoqués par le gouvernement. Ces nominations se font généralement par décret présidentiel. Le gouverneur de la banque du Zaïre et ses principaux collaborateurs sont nommés par cette procédure (art. 41, 42, 43 des statuts). Il en est de même pour le Rwanda et le Burundi. Dans les pays de l'ancienne zone sterling (Gambie, Ghana, Nigeria, S. Leone, Tanzanie), le gouverneur de la banque centrale et ses principaux collaborateurs sont désignés par le gouvernement. La procédure de nomination dans les Unions Monétaires d'Afrique de l'Ouest et Centrale se détache de ce schéma : le gouverneur de la BEAC est nommé par son conseil d'administration (art.43 des statuts de la BEAC), son homologue de la BCEAO est nommé par le conseil des ministres de l'UEMOA (art. 41 des statuts). L'idée sous-jacente ici est que le pouvoir de nommer et de révoquer les dirigeants de la banque centrale donne au gouvernement les moyens d'influencer, à son gré, les décisions monétaires.

c) Périodicité des mandats

En général, la durée des mandats des principaux responsables de la politique monétaire (gouverneurs) varie entre trois et six ans (**tableau 28**). En principe, pour garantir la sécurité juridique des banquiers centraux, il est suggéré de leur concéder des mandats fixes, longs, non renouvelables et non révocables [Waller (1992)]. A l'inverse, un mandat court et renouvelable entraîne une relative subordination à l'égard du gouvernement [Woolley (1977)]. Ainsi, les mandats courts qui caractérisent les pays africains en général constituent une autre preuve de subordination de l'autorité monétaire au pouvoir politique.

d) Degré d'indépendance des banques centrales de l'ASS

Pour certains économistes [Banaian K., Leroy O., Laney, Willer T. (1986)], le concept d'indépendance de la banque centrale n'est pertinent que dans le contexte d'économies où les marchés de capitaux sont parvenus à une certaine maturité. Les gouvernements disposent alors, à travers les marchés de capitaux privés, d'une source alternative de financement de la dette publique. La banque centrale est ainsi à l'abri de certains types de pression, favorisés par l'existence de déficits budgétaires, ce qui lui assure une certaine autonomie. On peut distinguer l'indépendance politique et l'indépendance économique.

Pour Diouf (1998), l'indépendance politique (ou l'indépendance des objectifs) de la banque centrale d'un pays peut être appréciée selon les critères suivants : (1) ses principaux dirigeants (gouverneurs, vice-gouverneurs, membres du conseil d'administration) ne sont pas nommés par le gouvernement, (2) la durée des mandants de ses responsables est suffisamment importante, par exemple supérieure à cinq ans, (3) le gouvernement n'est pas représenté dans les instances de décision (conseil d'administration), (4) l'approbation du gouvernement n'est pas nécessaire pour mettre en œuvre la politique monétaire, (5) la stabilité des prix est le principal objectif assigné à la banque centrale, (6) il existe des dispositions statutaires, en cas de désaccord avec le gouvernement, sur la politique à suivre, qui préserve la position de la banque (**tableau 28**).

Tableau 28: Indépendance politique des banques centrales en ASS

Banques centrales	Nominations				Relations avec le gouvernement		statuts		indice
	(1)	(2)	(3)	(4)	(5)	(6)	(7)	(8)	(9)
BCEAO	*	*	*			*		*	5
BEAC	*		*			*	*		4
Gambie							*		1
Ghana							*		1
Nigeria							*		1

Rwanda							*		1
S.Leone							*		1
RDC							*		1

Source : Source : Diouf (1998) in Semedo et Villieu, 2ème partie, chapitre III

Notes:

(1) le gouverneur de la banque centrale n'est pas nommé par le gouvernement
(2) le mandat du gouverneur est supérieur à 5 ans
(3) tous les membres du conseil d'administration
(4) le conseil est nommé pour une durée supérieure à 5 ans
(5) le gouvernement n'est pas représenté dans le conseil
(6) l'approbation du gouvernement n'est pas nécessaire pour la mise en œuvre de la politique monétaire
(7) la stabilité des prix est l'objectif prioritaire de la banque centrale
(8) il existe des dispositions légales qui préservent le statut de la banque en cas de conflit avec le gouvernement
(9) indice d'indépendance politique égal à la somme des colonnes précédentes

Avec ces critères, nous arrivons à la conclusion que les banques supranationales ont une indépendance économique et légale beaucoup plus marquée que les pays à souveraineté monétaire. Les banques centrales de type fédéral sont relativement plus autonomes que les banques nationales. Comme corollaire, les modes d'organisation ne sont pas étrangers aux taux d'inflation enregistrés. C'est dans les zones où les banques centrales sont les plus autonomes que les objectifs d'inflation et de croissance sont les mieux atteints en longue période. Cette conclusion est validée par Cukierman *et alii* (1992).

De même, plusieurs critères sont utilisés pour mesurer le degré d'indépendance économique (ou instrumentale) d'une banque centrale quelconque : (1) le financement monétaire du déficit budgétaire n'est pas automatique ; il s'effectue dans des conditions du marché bien déterminées et spéciales, avec un caractère temporaire et en quantité limitée, (2) la banque centrale ne gère pas la dette publique, (3) le taux d'escompte est fixé par la banque centrale, (4) la banque centrale n'assume pas la totalité des responsabilités dans la surveillance bancaire (**tableau 29**).

Tableau 29. Indépendance économique des banques centrales en ASS

Banques centrales	Financement monétaire du déficit budgétaire					Instruments monétaires		Indice
	(1)	(2)	(3)	(4)	(5)	(6)	(7)	(8)
BCEAO	*	*	*	*		*		6
BEAC	*		*	*		*		5
Gambie			*	*				3
Ghana			*	*				3
Nigeria			*	*				3
Rwanda				*				2
S.Leone			*	*				3
RDC			*	*				3

Source : Diouf (1998) in Semedo et Villieu, 2ème partie, chapitre III

Notes:

(1) Facilité de crédit direct: non automatique
(2) Facilité de crédit direct : au taux du marché
(3) Facilité de crédit direct : temporaire
(4) Facilité de crédit direct : montant limité
(5) La banque centrale ne participe pas au marché primaire de la dette publique
(6) Le taux d'escompte est fixé par la banque centrale
(7) La surveillance bancaire n'est pas de la responsabilité de la banque centrale (**) ou n'est pas de sa seule responsabilité (*)
(8) Indice de l'indépendance économique

Ces résultats montrent que les institutions chargées de la politique monétaire disposent d'une autonomie limitée et que la volonté de l'autorité politique pèse lourdement sur les décisions de création ou de destruction monétaire. Pour les pays en union monétaire, il faut quand même constater que les banques centrales bénéficient d'une relative indépendance, mais les gouvernements ont une large panoplie d'instruments pour faire passer une décision dans les structures décisionnelles. Pour les pays à banque centrale républicaine, l'offre de monnaie est restée subordonnée aux niveaux de déficits publics, en dépit des normes d'émission monétaire prescrites par les Institutions de Bretton Woods (BM et FMI). Les implications de l'indépendance de la banque centrale sont multiples. Du point de vue de la crédibilité de la politique monétaire, les gouverneurs de banques centrales sont tentés de s'accommoder des problèmes sociopolitiques conjoncturels, ce qu'on peut bien visualiser à partir de la comparaison entre le taux de croissance monétaire et le taux de croissance de la production (**tableaux 30 et 13**).

Tableau 30. Taux de croissance monétaire en ASS

	1970	1975	1980	1985	1990	1995	2000
Burkina F	7.53	3.87	1.51	6.02	-4.97	2.23	6.18
Burundi	2.53	-4.05	1.39	2.23	9.62	-1.12	4.31
Cameroun	1.15	1.26	2.14	1.74	-1.66	-6.15	1.91
C. Ivoire	1.62	9.57	2.77	1.37	-2.55	1.81	-1.93
Nigeria	4.78	5.57	4.61	8.99	3.27	1.94	4.81
Rwanda	2.12	1.21	8.1	1.72	5.59	6.95	1.56
Sénégal	2.45	1.14	1.03	4.53	-4.81	7.42	1.07
Swaziland	4.45	5.13	1.37	2.29	0.59	3.86	-6.61
Tanzanie	1.2	2.44	2.69	3.03	4.19	3.3	1.48
Uganda	2.63	2.11	3.48	1.27	6.02	1.39	1.81
Zambie	2.63	1.2	9.01	2.34	4.97	5.55	7.38
Zimbabwe	2.16	2.55	2.96	1.77	1.51	2.55	6.88
Gabon	8.57	6.12	2.46	1.21	3.25	1.01	1.83
Kenya	4.55	5.88	7.83	6.36	2.01	2.48	4.49
moyenne	3.45	3.14	3.66	3.20	1.93	2.37	2.51

Source: Tableau construit à partir des *Indicateurs de développement mondial*, Banque mondiale, CD-Rom 2002.

En comparant les données du **tableau 30** précédent et les taux de croissance du PIB présentés au **tableau 13**, on constate que le taux de croissance monétaire dépasse de loin celui de la production. Cela implique que le différentiel sert à financer les déficits, d'où le fait qu'une bonne partie de l'inflation en ASS est d'origine monétaire. Il faut cependant remarquer que l'effet inflationniste de l'offre de monnaie exogène est relativement moins important dans la zone franc, du fait de l'existence d'un minimum d'autonomie des autorités monétaires. La crédibilité de la politique monétaire est mise à rude épreuve, surtout dans les pays où les banques centrales sont subordonnées. Cette crédibilité repose sur le fait de déterminer l'offre de monnaie en fonction des besoins exprimés par les agents et de ses effets attendus sur les variables de l'activité réelle. Elle se perd dès qu'elle est incapable de lutter contre l'inflation ou de stimuler la croissance. Mais nous savons que les objectifs de lutte contre l'inflation et de relance économique sont concurrents et substituables (c'est la leçon qu'on peut tirer de la courbe de Phillips de courte période). Dès lors, on se demande si les politiques monétaires africaines auraient été « utilement » inflationnistes, c'est-à-dire tout en stimulant l'emploi et la production. La réponse à cette question se trouve bien entendu dans les résultats d'estimation de la fonction de demande de monnaie.

Section II
Etude des déterminants de la demande de monnaie en Afrique subsaharienne

L'étude de la fonction de demande de monnaie vise comme objectif de prouver qu'il existe des liens significatifs et stables entre la masse monétaire et les variables de l'activité réelle. Ainsi, la politique monétaire est jugée nécessaire, utile ou efficace à partir du moment où elle est capable de provoquer ou de stimuler les variations positives de l'activité et de la production nationale. Ses effets sont donc indirects. Ils transitent par plusieurs canaux de transmission notamment le taux d'intérêt, le taux d'inflation, le niveau de crédits demandés par les agents. Par conséquent, on trouve dans la fonction de demande de monnaie deux types de facteurs explicatifs : un indicateur d'activité réelle (le PIB par exemple) et les indicateurs de transmission. Dans cette section, nous discutons avant tout du choix de la variable de commande, c'est-à-dire le facteur expliqué ou endogène (**II.1**). Ensuite, nous expliquons la sélection des variables exogènes les plus importantes (**II.2**). Enfin, nous estimons l'équation de demande de monnaie pour notre échantillon (**II.3**).

II.1. Choix de la variable endogène : un agrégat monétaire

Les principales composantes de la masse monétaire dans les pays africains sont la monnaie fiduciaire, la monnaie scripturale et la quasi-monnaie. On peut alors distinguer l'agrégat M1 qui est la masse monétaire au sens strict (monnaie fiduciaire et monnaie scripturale) et M2 qui est la masse monétaire au sens large : monnaie fiduciaire, monnaie scripturale et quasi-monnaie. M1 correspond à la masse monétaire que la banque centrale contrôle plus directement, alors que M2 inclut les éléments qui ne sont pas directement rattachés au système bancaire. Le choix de l'agrégat cible de la politique monétaire dépend en fait des habitudes de paiement : en Afrique, la bancarisation est faible de sorte que les agents sont habitués à payer beaucoup plus avec la monnaie de la banque centrale que par chèque. Les transactions à crédit, les marchés à terme ou les autres moyens de paiement sont presque inexistants. Ce résultat se trouve validé par le **tableau 31** suivant.

Tableau 31. Evolution du ratio de M2 au PIB (en %)

	1970	1975	1980	1985	1990	1995	2000
Burkina .F	8,34	13,6	14,7	14,5	20,4	26,1	27,3
Burundi	10,4	10,9	12,0	14,5	15,9	19,8	22,3
Cameroun	14,6	17,5	22,6	22,7	22,6	15,7	18,0
C.-Ivoire	26,5	29,3	27,1	30,0	28,8	28,7	31,0
Gabon	15,4	15,5	16,9	20,5	17,8	14,5	14,8
Kenya	30,6	28,5	29,9	26,7	29,7	43,6	45,7

Nigeria	10,9	17,6	28,6	32,0	22,1	16,1	24,3
Rwanda	11,7	11,4	14,1	13,4	14,9	18,7	17,0
Sénégal	15,4	21,1	28,2	25,9	22,6	22,4	24,1
Swaziland	13,3	28,8	29,5	36,9	29,6	26,0	25,4
Tanzanie	10,14	11,11	15,23	37,6	19,9	25,1	19,3
Ouganda	18,6	21,9	14,8	14,3	76,0	12,0	14,4
Zambie	27,8	31,4	29,6	29,7	21,8	17,2	26,4
Zimbabwe	11,05	13,0	28,3	23,9	23,1	26,8	38,5
Mozambique	10,54	14,18	28,81	52,6	26,5	26,5	28,5
Moyenne	15,6	19,0	22,68	26,34	26,11	22,61	25,13

Source: Tableau construit à partir des *Indicateurs de développement mondial*, Banque mondiale, CD-Rom 2002.

A partir de ce tableau, on constate bien que le ratio de M2 au PIB reste inférieur à 30 % en moyenne. De ce fait, comme dans les pays en développement en général M3 tend vers zéro, on en déduit que la part de M1 dans la masse monétaire est prépondérante. En conséquence, l'agrégat qui traduit véritablement le comportement des agents est M1. C'est cette variable qui sera alors utilisée dans notre modèle.

II.2. Les variables explicatives

L'analyse des déterminants de la demande de monnaie repose traditionnellement sur la théorie quantitative de la monnaie qui lie les encaisses à la valeur des transactions. Elle repose également sur la théorie des portefeuilles qui place la monnaie au sein d'une gamme d'actifs financiers susceptibles de donner lieu à des arbitrages alternatifs (relativement substituables). Ces deux théories ont la propriété commune de mettre en exergue les fonctions conférées à la monnaie au sein d'une économie : unité de compte, intermédiaire des échanges et réserve de valeur.

Ainsi, on distingue deux motifs de détention de monnaie à savoir la transaction et la précaution d'une part, la spéculation d'autre part. La première composante de la demande de monnaie dépend positivement du pouvoir d'achat des agents et donc de leurs revenus. La deuxième dépend négativement du taux d'intérêt. Les autres facteurs de la demande de monnaie sont directement liés au taux d'intérêt ou au revenu. Par exemple, un accroissement du niveau des prix diminue le revenu réel et partant le pouvoir d'achat, tandis que le volume de crédits dépend négativement (dans les conditions normales du marché de fonds prêtables) du taux d'intérêt.

La question fondamentale qui se pose est de savoir si, au niveau agrégé, l'effet global d'un accroissement de l'offre de monnaie sur la production serait positif ou négatif. A ce propos, la théorie des effets de liquidité et celle des effets d'encaisses réelles donnent des prédictions tout à fait opposées.

La théorie des effets de liquidité repose sur l'idée que la monnaie est un actif financier. Le marché de la monnaie (offre et demande) détermine le taux d'intérêt : toute variation de l'offre de la monnaie cause à court terme une modification en sens inverse du taux d'intérêt nominal des actifs courts et une telle liaison statistique est qualifiée d'effet de liquidité par Ohanian et Stockman (1995). Ce choc sur le taux d'intérêt agit à son tour sur l'investissement qui est l'élément le plus sensible de la demande globale : les entrepreneurs comparent le taux de leurs emprunts au taux de rendement interne du capital qu'ils comptent acquérir. Toute diminution du taux d'intérêt incite à accroître le capital et toute augmentation a l'effet inverse. Or, l'investissement exerce un effet multiplicateur sur le revenu et la politique monétaire est donc un puissant instrument d'action sur le revenu global.
En fait, cette action favorable découle de l'hypothèse de rigidité des prix et d'ajustement par les quantités [Ohanian et Stockman (1995)]. Cette hypothèse repose donc entièrement sur l'idée que les entreprises anticipent les chocs et en conséquence les mécanismes de déstockage en cas d'excès de la demande globale ou de stockage en cas d'excès de l'offre globale.

Pour la théorie des effets d'encaisses réelles, toute offre de monnaie nouvelle par le système bancaire s'ajoute à la capacité d'achat des agents et augmente leur dépense. La consommation et l'investissement augmentent dans les mêmes proportions, même si l'on admet que, momentanément, par suite de la baisse du taux d'intérêt (dans le cas d'une politique monétaire expansive) l'investissement réagit en premier. Pour cette théorie, l'ajustement se fait par les prix. La hausse des prix des biens de consommation consécutive à l'excès de la demande, excès qui est provoqué par l'augmentation du pouvoir d'achat des agents, s'accompagne d'une hausse équivalente du taux d'intérêt nominal et ramène rapidement le taux d'intérêt réel à son niveau antérieur : un tel effet de la politique monétaire qui se réduit à une modification proportionnelle du taux d'intérêt nominal et du taux d'inflation anticipé et effectif, en laissant inchangés le taux d'intérêt réel et la production, est appelé **effet Fisher**. Ses fondements microéconomiques sont développés dans les modèles dits de participation limitée [Lucas (1990), Grosman et Weiss (1983)].

Néanmoins, dans la littérature économique, il existe des thèses qui démontrent que, par le canal du crédit, les accroissements de monnaie pourraient ne pas causer de l'inflation [Jaffee et Russell (1976), Stiglitz et Weiss (1981), Bernanke et Blinder (1988)]. De plus, la voie du crédit constitue une option efficace pour le monitoring du système bancaire en univers d'information asymétrique [Sharpe (1990), Rajan (1992)].

Pour les pays de l'ASS, nous ne pouvons a priori conclure à la prédominance des effets de liquidité ou des effets d'encaisses réelles parce que les variations de taux d'intérêt et de niveau des prix ne sont pas uniquement d'origine monétaire. Seule la vérification empirique, à travers l'estimation de la fonction de demande de monnaie, nous permet de juger effectivement de la crédibilité de la politique monétaire.

II.3. Estimation de la fonction de demande de monnaie en Afrique subsaharienne

a) Spécification du modèle

Notre modèle s'inspire des travaux de Goux (2000) et d'Ondo Ossa (2002). Nous partons d'une spécification plus générale répondant aux diverses versions de la fonction de demande de monnaie et ayant pour arguments : le revenu courant, le taux d'inflation et le taux d'intérêt réel, et le niveau de crédits. Spécifiée en logarithme et en panel, l'équation caractéristique de la demande de monnaie est :

(17) $m_{it} = c_0 + c_1.y_{it} + c_2.f_{it} + c_3.r_{it} + c_4.p_{it} + e_{it}$

Avec : $e_{it} = k_i + v_{it}$ et $E(k_i/v_{it}) = 0$

où :
1°) k_i désigne l'effet spécifique au pays i dans la fonction de demande de monnaie,
2°) y_{it} est le revenu nominal en logarithme,
3°) f_{it} est le volume de crédit exprimé en logarithme,
4°) r_{it} est le taux d'intérêt réel,
5°) p_{it} est le niveau des prix en logarithme,
6°) m_{it} est la demande de monnaie de type M1, en logarithme

Ensuite, le modèle est augmenté d'une relation autorégressive d'ordre 1 [AR(1)] pour corriger l'autocorrélation des termes d'erreur. Les valeurs des coefficients estimés sont présentées dans le **tableau 32**.

Tableau 32. Résultats empiriques

variables	**coefficients**	**Statistique « t »**		
y_{it}	0,041	21,021		
f_{it}	0,003	12,213		
r_{it}	-0,001	6,154		
p_{it}	-0,005	4,256		
AR(1)	0,0001	2,045		
Effets spécifiques				
Nigeria	2,025		Kenya	1,555
Côte-d'Ivoire	1,845		Ouganda	1,429
Burkina Faso	0,891		Tanzanie	0,897
Sénégal	1,251		Mozambi-que	0,784
Gabon	1,189		Zambie	0,546
Cameroun	1,654		Zimbabwe	1,816

Burundi	0,218		Swaziland	0,368
Rwanda	0,329			
R^2	0,789			
DW	1,62			
N	510			

b) Signification statistique et économique des coefficients

La valeur du coefficient de détermination et celle du DW indiquent que l'ajustement est fiable et qu'il y a une absence d'autocorrélation des erreurs. Les *Student* calculés sont supérieurs en valeurs absolues à la valeur critique (1,96), ce qui implique que les coefficients de la régression sont significatifs. En d'autres termes, la demande de monnaie s'explique véritablement par le revenu, le taux d'intérêt, le niveau des prix et le niveau de crédit. Les signes des coefficients sont ceux théoriquement attendus. La demande de monnaie varie dans le même sens que le revenu et le niveau de crédit, mais dans le sens contraire du niveau des prix et du taux d'intérêt (effets de liquidité). Cependant, les élasticités de la demande de monnaie par rapport à ces variables sont trop faibles pour plusieurs raisons.

Pour le taux d'intérêt, cela est lié au fait que, dans les pays en développement, la part des actifs porteurs d'intérêt dans la masse monétaire est encore très faible. Or, c'est l'existence des comptes bancaires rémunérés qui conduit à une réaction de la demande de monnaie aux variations des taux d'intérêt. Il ressort que les effets de la politique monétaire qui transitent par le taux d'intérêt, sur le marché des fonds prêtables, sont insignifiants. Ce phénomène n'est pas étonnant car, dans la plupart des pays africains, la bancarisation est limitée : moins de guichets en moyenne pour 100 habitants comparativement aux économies largement intermédiées (européennes par exemple). En outre, cette faible bancarisation s'explique par le coût élevé de l'accès aux services bancaires dans les zones rurales qui découragent les ménages agricoles de bancariser leurs revenus et a fortiori leur épargne. Elle s'explique enfin par l'importance du troc rampant et des réseaux informels. Le secteur bancaire ne capte donc qu'une faible partie de l'épargne nationale comme en témoigne l'importance croissante de la circulation fiduciaire.

L'élasticité –revenu de la demande de monnaie, bien que plus grande que toutes les autres, est aussi très petite. La première cause en est effectivement l'existence d'un secteur informel important qui fait que les statistiques disponibles sur le revenu ne traduisent pas le vrai revenu national. En outre, la demande de monnaie expliquée par cette variable est une demande de monnaie pour motifs de transaction et de précaution. Or, en ASS, nombreux sont les ménages vivant du revenu minimum ou des transferts sociaux et pour lesquels la demande de monnaie est indépendante du revenu.

L'influence du niveau des prix sur la demande de monnaie transite par la variation du revenu réel. En ASS, l'inflation est, sauf dans la zone franc, en permanence forte et le pouvoir d'achat des agents ne cesse de se dégrader. Ainsi, si la demande de monnaie ne baisse pas en conséquence, c'est parce qu'ils disposent d'un revenu informel non connu officiellement d'une part et, d'autre part, qu'ils ajustent leur niveau de consommation au nouveau revenu réel. Les indicateurs de niveau de vie montrent effectivement que le bien-être des ménages de l'ASS baisse continuellement : la population vivant en dessous du seuil de pauvreté est passée de 48 % entre 1975 et 1979 à 49 % entre 1985 et 1989 [CNUCED (2002)].

La faible sensibilité de la demande de monnaie par rapport au volume de crédits s'explique par deux raisons. D'abord, la présence d'un marché financier parallèle important fait qu'une partie non négligeable de la demande de monnaie n'est pas captée par le système bancaire et n'est ni connue ni comptabilisée. Ensuite, face à une intermédiation financière faible et à une contrainte de revenu qui pèse sur les ménages, ces derniers sont prêts à prendre le crédit quel qu'en soit le coût. De l'autre côté, les banques font trop de sélection dans l'octroi du crédit, même pour des taux d'intérêt suffisamment encourageants, suite à l'aléa moral qui accompagne souvent les projets apparemment les plus rentables.

En ce qui concerne les effets spécifiques, leur ampleur est fonction du revenu : les plus élevés s'observent dans les pays à haut niveau de revenu qui sont également ceux à spécialisation pétrolière, minière ou multiple. La demande de monnaie dans ces pays est plus grande, puisque, comme le suggèrent les coefficients estimés, elle est plus influencée par le revenu. Bien entendu, les pays de la zone franc manifestent en général des effets spécifiques plus élevés suite à d'autres particularités qui se traduisent par la stabilité monétaire.

Conclusion du chapitre

Au travers des tests précédemment présentés, il apparaît finalement que la politique monétaire n'est pas neutre dans le cas des économies africaines en général et que la monnaie est un véritable instrument de stabilisation économique.

Néanmoins, la plupart des pays, en l'occurrence les pays où les banques centrales sont en même temps banques de Républiques (tous sauf ceux en union monétaire), recourent à cette politique très souvent pour financer les déficits. Dans ce cas, on peut s'attendre à ce que, dans le long terme, les cumuls d'inflation qui en résultent soient complètement irrémédiables.

Il faudrait que les gouvernements susmentionnés fassent un effort de discipline monétaire de façon à créer de la monnaie juste quand la demande de crédit bancaire le réclame. Cela va bien entendu de pair avec une certaine discipline budgétaire. De ce fait, on peut dire que, comme nous l'avons souligné au niveau de la politique budgétaire, la politique monétaire ne peut pas produire des effets remarquables et durables si elle n'est pas accompagnée, dans le cadre d'un *policy mix* intégral, d'une politique budgétaire. Nous allons justement présenter les théories déjà disponibles sur les *policy mix* et enfin donner une proposition pour les pays africains.

L'échec de la politique monétaire tient notamment au fait qu'elle a été mal conduite, puisque depuis les années 1960 elle sert les objectifs des gouvernements poursuivant parfois des agendas privés. Les banques centrales, loin d'être des autorités véritablement monétaires, sont des instruments de financement des déficits publics. En outre, la politique monétaire est largement impliquée dans le financement des investissements publics puisque les taux d'intérêt sont bloqués à un niveau bas. Cette répression financière a beaucoup de retombées sur la production et la croissance. A partir des années 1980, des programmes de réformes financières sont mis en place. C'est désormais la politique de libéralisation financière qui s'impose comme l'approche la mieux indiquée pour permettre (1) de relever les taux d'intérêt nominaux et donc réels, (2) de mobiliser la monnaie endogène oisive du secteur informel et de la rendre productive, (3) de réduire autant que faire se peut la finance informelle jugée contre- productive ou moins rentable, (4) d'attirer les capitaux étrangers non seulement par des taux d'intérêt élevés, mais aussi par des conditions concurrentielles telles que la baisse des impôts sur les dividendes et autres bénéfices financiers, la révision pour les sociétés étrangères de la proportion des bénéfices rapatriables, (5) de lutter contre la fuite des capitaux locaux vers les pays développés et de favoriser le retour au bercail des ressources détenues par les nationaux dans des banques étrangères. Mais les conséquences d'une telle libéralisation financière sont largement débattues. Partant, le **chapitre V** suivant vient nous éclairer sur les mécanismes de cette réforme et ses effets sur la production nationale pour le cas des pays de l'ASS.

Chapitre V

Libéralisation financière et croissance économique en Afrique subsaharienne

La libéralisation financière poursuit pour objectif final l'accroissement de la production nationale et donc de la croissance. Mais ses effets sont difficiles à mesurer parce qu'il s'agit ici d'une politique monétaire indirecte. Néanmoins, il est relativement aisé d'observer ses conséquences sur le développement financier qui en est alors l'objectif intermédiaire. Autrement dit, l'évaluation de la politique de libéralisation financière implique forcément celle des indicateurs de développement financier.

A ce propos, Pill et Pradhan (1995) distinguent trois niveaux principaux de développement financier correspondant respectivement à l'économie financièrement réprimée, à l'économie localement libéralisée et à l'économie libéralisée internationalement.

La politique de libéralisation financière vise justement à faire passer les économies africaines financièrement réprimées au troisième niveau de développement financier large. Ainsi, les instruments de la libéralisation financière changent de niveau en niveau. Pour passer au deuxième niveau, la libéralisation financière vise essentiellement à supprimer les contrôles de crédits et la fixation des plafonds de taux d'intérêt nominaux. Pour passer au troisième niveau de développement, il est question de laisser le système financier s'ouvrir à la circulation internationale des capitaux. Il s'ensuit bien entendu des systèmes de change flexibles.

Au demeurant, le problème se pose moins sur ce qu'il faut entendre par concept de libéralisation financière que sur ses effets sur l'activité et la production. Dans la littérature, partant d'hypothèses différentes, deux principaux groupes de travaux s'opposent sur les bienfaits de cette politique monétaire. Il est alors nécessaire d'éclaircir les controverses théoriques sur les implications de la libéralisation financière (**section I**). Dès lors, pour vérifier ces théories (au niveau de notre échantillon), nous commençons par donner quelques indicateurs de développement financier (**section II**), dans l'intention finale d'approfondir les analyses par des tests économétriques en vue de dégager la consistance de la libéralisation financière (**section III**).

Section I
Fondements théoriques de la libéralisation financière

La première théorie à confirmer l'efficacité de la politique de libéralisation financière est la thèse de la répression financière (**I.1**) due principalement à Mc Kinnon (1973) sur qui s'est aligné Shaw (1973). De nouvelles contributions ont vu le jour par la suite, et ont souligné l'impact positif de la libéralisation financière sur la fonction de production, en passant par le développement financier (**I.2**). Parallèlement, d'autres catégories d'investigations remettent en cause les vertus de la libéralisation financière (**I.3**), et les vérifications empiriques jusqu'ici menées restent divergentes (**I.4**).

I.1. Effets sur le taux d'intérêt, l'épargne et l'investissement : la thèse de la répression financière

Les systèmes financiers des PVD font apparaître un important dualisme financier, le marché des fonds prêtables étant partitionné [Mc Kinnon, 1973)]. D'un côté, on trouve les banques spécialisées dans le fonctionnement d'activités formelles, dont les risques doivent être compensés par l'existence de garanties réelles. De l'autre côté, on trouve un secteur informel qui finance toutes sortes d'activités tant formelles que souterraines [Eboué, (1999)], par l'allocation de “ crédits personnels ”, davantage fondés sur la confiance vis-à-vis du débiteur que sur la base d'estimation du rendement et du risque associés aux créances.

L'examen des causes du caractère permanent de ce dualisme financier a conduit de nombreux auteurs dont principalement Mc Kinnon (1973), Shaw (1973) et Fry (1982), à énoncer la thèse de la répression financière qui se résume en trois propositions :

(1) les systèmes financiers caractéristiques des économies financièrement réprimées sont marqués du côté des marchés de capitaux officiels par une insuffisante intermédiation financière de nature bancaire ou non et par l'inexistence de

marchés de crédits longs, et du côté des “ marchés souterrains ” par une désarticulation et une extrême segmentation des processus de collecte de l'épargne qui est essentiellement liquide.

(2) La structure des taux d’intérêt reflète ce profond déséquilibre. Sur le plan officiel, le loyer de l'argent est contrôlé à des niveaux bas, les taux d’intérêt réels observés pendant de longues périodes diminuant l'incitation aux placements bancaires et surtout renforçant le rationnement traditionnel de l'offre de crédit bancaire pourtant nécessaire à la dépense d’investissement privé. A l'échelle informelle, les niveaux très élevés de taux d’intérêt réels positifs appliqués aux prêts contrastent avec ceux appliqués aux placements courts sur ce marché ou avec les taux débiteurs appliqués aux opérations bancaires quelle que soit leur durée.

(3) Le niveau d’accumulation du capital est donc limité, d’où une demande insatisfaite de fonds prêtables : (a) car la décision d’investir *ex ante*, résulte, outre du profit anticipé, du comportement et du niveau de l'épargne, de sorte qu’il y a corrélation positive voire causalité entre ces deux variables. En effet, dans la plupart des PVD, les investisseurs étant en même temps épargnants, l'accumulation monétaire précède toujours la réalisation de la dépense d’investissement privé. La monnaie constitue donc un complément des actifs réels et rarement un substitut à leur détention car, le système financier étant caractérisé par la faiblesse du volume de financement externe, toute dépense importante d’accumulation envisagée exige au préalable une augmentation des encaisses réelles nécessaires. Il n’y a pas par conséquent d’arbitrage entre monnaie et actifs physiques au sens traditionnel. Les encaisses liquides servent de “ relais ” à la formation du capital de sorte qu’épargne liquide et accumulation de capital (investissement) varient parallèlement.

Sur le plan théorique, deux conséquences principales découlent de la thèse de la répression financière :

(1) L'analyse monétaire doit intégrer la complémentarité monnaie - actifs à travers la reformulation des équations de demande de monnaie applicable aux PVD. Désormais, en plus du revenu réel qui traduit l'effet de richesse, toute équation

d'encaisses réelles doit faire apparaître deux autres arguments positifs : le taux de rendement réel des encaisses et le taux d'investissement global. Le premier décrit, dans un univers caractérisé par un faible motif de spéculation habituel d'ordre keynésien, la variable déterminant de façon essentielle la formation du capital qui suit celle de l'épargne. Le deuxième traduit la relation de complémentarité qui en découle. Ainsi, l'élévation du taux d'intérêt réel rémunérant les placements liquides augmente d'abord la valeur des encaisses détenues. Il en résulte alors une augmentation des possibilités d'autofinancement indicative d'un taux d'investissement élevé : c'est " l'effet relais au capital " qui domine.

Un seuil (I*/Y) d'investissement à autofinancer correspondant à un niveau très élevé de taux d'intérêt existe cependant, de sorte qu'une fois ce seuil atteint (la trappe d'investissement), toute hausse de la rémunération de l'épargne liquide supérieure à celle du rendement réel des actifs physiques réduit l'incitation à la dépense d'investissement et le taux d'investissement global, ce qui restaure la traditionnelle substitution monnaie – actifs réels : c'est " l'effet de substitution " qui domine.

(2) Il convient également de reformuler les équations d'épargne et d'investissement en introduisant le taux de rendement réel des encaisses monétaires comme déterminant positif. En effet, outre l'hypothèse de complémentarité décrite ci-dessus, Shaw (1973) montre que les taux d'intérêt réels sur les placements contrôlés vers le bas sont une contrainte à la formation de l'épargne et donc à l'investissement.

Partant de ces deux conséquences, la fonction de demande de monnaie présentée au **chapitre IV** change d'arguments. Elle a désormais pour facteurs la production nationale (Y), le taux d'investissement (I/Y) (défini comme étant le rapport entre l'investissement (I) et la production nationale) et le taux d'inflation réel anticipé ($i - \pi^a$) défini comme étant la différence entre le taux d'inflation nominal observé (i) et le taux d'inflation anticipé (π^a).

Dans cette spécification, le taux d'investissement dépend du taux d'épargne (S/Y) qui lui-même dépend du taux d'inflation anticipé : c'est l'hypothèse de complémentarité entre l'investissement et l'épargne. Nous avons alors le système d'équations suivant :

(18) $M^d_t/P_t = f(Y_t, (I_t/Y_t), (i - \pi^a)_t)$

avec

(19) $$\frac{\partial[(M^d{}_t / P_t)]}{\partial[(I_t / Y_t)]} \geq 0$$ et

(20) $$\frac{\partial[(M^d{}_t / P_t)]}{\partial[(i - \pi^a)_t]} \geq 0$$

(21) $(I/y)_t = f((S/y)_t)$

$(S/y)_t = f((i-\pi^a)_t)$

L'équation (18) décrit la demande de monnaie de type Mc Kinnon–Shaw . Les équations (19) et (20) sont ses dérivées respectives par rapport au taux d'investissement et au taux d'inflation anticipé. Contrairement à la théorie néoclassique des monétaristes comme M. Friedman, la fonction de demande de monnaie de Mc Kinnon indique que le taux d'intérêt réel des encaisses et la quantité d'encaisses demandées varient dans le même sens (**équation 20**). En cela , la contribution de Mc Kinnon et Shaw constitue l' « acte de naissance de la théorie monétaire » dans les PVD.

Les équations (21) et (22) décrivent l'hypothèse de complémentarité ci-dessus mentionnée.

Du point de vue de la politique économique, deux recommandations sont associées à l'hypothèse de complémentarité de Mc Kinnon - Shaw (1973) :

1°) Toute politique monétaire active de nature quantitative a comme conséquence de renforcer les pressions inflationnistes à LT et ainsi de réduire le taux d'accumulation et le taux de croissance du produit global.

2°) La bonne politique dans les PVD dont les économies sont financièrement réprimées et caractérisées par un dualisme financier résiderait dans la libéralisation du système financier, par le biais de la flexibilité du taux d'intérêt nominal sur les marchés de capitaux ;

donc il devrait en résulter une hausse des taux d'intérêt réels rémunérant l'épargne, de l'offre de crédit et du volume d'investissement.

I.2. Effets positifs de la libéralisation financière sur l'intermédiation financière : effets « Gordon » et accroissement de l'offre de monnaie endogène

La libéralisation financière est une réponse adéquate à la fragilité du système financier. Cette fragilité est causée par les asymétries d'information, les coûts élevés de transaction notamment les coûts informationnels et les coûts d'agence ou de surveillance exorbitants, le rationnement du crédit, l'accumulation des dettes, les paniques bancaires et les courses aux guichets, l'accroissement de la part des investissements spéculatifs ...

Les asymétries d'information viennent du fait que les prêteurs et les emprunteurs n'ont pas une information commune. Plusieurs auteurs comme Greenwal et Stiglitz (1993) ainsi que Bernanke & Getler (1990) se sont penchés sur ce problème *ex ante* et *ex post* respectivement. *Ex ante*, l'asymétrie d'information renvoie à la crédibilité, à la consistance et à la probabilité de réussite des projets à financer (les emprunteurs peuvent présenter de faux arguments aux bailleurs) et *ex post* elle amène les bailleurs à s'interroger sur la probabilité de remboursement des dettes. Face aux asymétries d'information sources d'aléa moral, les banques sont obligées de dépenser de plus en plus pour avoir le plus d'informations possible sur leurs clients et recourent aux mécanismes d'agence ou de surveillance qui amènent à des coûts supplémentaires du capital. Ces coûts dépendent de la part du financement interne dans le financement total car plus l'emprunteur dispose de fonds propres dans le projet, plus la probabilité qu'il fasse une gestion rationnelle est grande, et moins le risque l'aléa moral fait peur au bailleur.

Le rationnement du crédit intervient à partir du moment où la quantité de ressources financières disponibles est insuffisante pour répondre à toute la demande de financement. Ce rationnement va dans le sens de favoriser les projets ayant les taux de rentabilité les plus élevés. Or, ce sont les entreprises les plus risquées qui sont les plus rentables. Ainsi, cette “ sélection adverse ” amène le système financier à promouvoir la spéculation plutôt que l'investissement.

Les asymétries d'information peuvent aussi engendrer une crise de confiance entre les épargnants et les banques. La panique pousse les agents à retirer immédiatement leurs fonds : c'est la course aux guichets.

Toutes ces contraintes à l'épanouissement du système financier sont principalement le résultat de l'intervention de l'Etat par le biais des institutions financières publiques et de la réglementation des activités financières. La libéralisation financière doit justement lever ces obstacles au développement financier :

i) en diminuant les asymétries d'information,
ii) en atténuant l'ampleur des divers risques financiers,
iii) en diminuant les externalités négatives produites par l'intervention étatique sur
les activités économiques [Roe et Suwa (1997)]. Cet effet passe par la baisse du taux de refinancement, la suppression ou l'allègement des contraintes institutionnelles sur le niveau de crédits accordés aux agents privés par rapport à l'impératif de financement des dépenses publiques.

Ces trois actions rendent moins chers les crédits bancaires et le coût du capital en général et permettent l'accroissement des productivités de facteurs : c'est ce qu'on appelle les effets « Gordon ».

iV) en contribuant à la mobilisation des épargnes oisives ou mal allouées dans le secteur informel vers le marché financier et donc à l'augmentation de l'offre de fonds. Ainsi, la libéralisation financière peut expliquer la croissance de la masse monétaire offerte à l'économie, dans sa composante endogène : les quantités de pièces et billets qui sortent de la thésaurisation ou du secteur informel pour entrer dans le système bancaire. Ainsi donc, la libéralisation financière permet un développement financier non seulement par le canal de la baisse des coûts de crédit et de transactions financières, mais aussi par l'augmentation de l'offre de fonds prêtables. Il en découle une augmentation des productivités des facteurs (rendements d'échelles constants ou croissants) et cet argument se retrouve chez Pagano (1993), Levine (1997), Levine et Zervos (1998).

I.3. Remise en cause des arguments en faveur de la libéralisation financière

Dans le respect des écrits fondateurs de Keynes, les post-keynésiens considèrent que l'épargne dépend principalement du revenu, compte tenu de la propension marginale à épargner qui est le complément à l'unité de la propension marginale à consommer. Elle est considérée comme « une fuite » dans le multiplicateur d'investissement. Plus elle est élevée, plus la demande effective baisse et plus l'investissement diminue. De ce fait, la libéralisation financière devrait conduire au ralentissement de la croissance économique [Chouchane (2001)].

En théorie monétaire post-keynésienne et dans l'hypothèse de sous-emploi, Burkett et Dutt (1991) montrent que les effets négatifs d'une élévation du taux d'intérêt réel créditeur (en stimulant l'épargne au détriment de la consommation, elle cause la baisse de l'investissement) l'emporte sur ses effets positifs sur la mobilisation des épargnes oisives et donc sur l'offre de monnaie endogène. Plus précisément, Dutt (1991) estime que les effets de la libéralisation financière dans une situation de chômage sont plus néfastes à long terme car ce type de politique diminue la demande effective et renforce la sous-utilisation des facteurs de production.

Pour Mc Kinnon et Shaw (1973), la monnaie créée par la planche à billets est une « mauvaise monnaie » car inflationniste. La seule monnaie « légitime » est la monnaie endogène provenant des agents à excédents, sur base du revenu déjà existant. Or, l'offre exogène de monnaie n'est pas toujours inflationniste et peut se présenter comme une solution à l'insuffisance de la masse des encaisses nominales détenues par les agents [Chouchane (2001)]. De même, les entreprises peuvent lancer leurs programmes d'investissement avec des ressources extérieures dans les conditions de mobilité des capitaux.

L'accroissement du taux d'intérêt réel au–delà d'un certain seuil peut avoir des conséquences dramatiques tant au niveau des institutions financières qu'à celui des non financières. Nombre d'entre elles ne peuvent ajuster instantanément leurs coûts, et les contrecoups de cette hausse sont inflationnistes. Tout d'abord, les banques verront leurs marges d'intermédiation diminuer ; ensuite les entreprises et les autres agents verront le poids de leurs dettes s'accentuer (notamment la dette publique) et, partant, la hausse du taux d'intérêt n'incitera pas les agents à demander du crédit pour des motifs d'investissement [Beckerman (1988)].

Ces apports de Beckerman valident l'idée de Galbis (1986) qui affirme que la libéralisation financière, en détruisant le monopole d'Etat, peut aboutir à une structure de monopole privé. Partant, elle provoque une « guerre » des prix entre intermédiaires financiers et menace, au moins à court terme, la stabilité du secteur financier.

Selon certains économistes de l'information, les marchés financiers des pays en développement sont imparfaits, et la libéralisation financière pourrait provoquer la sélection adverse par laquelle le système bancaire risque de financer les projets spéculatifs ou les clients douteux [Stiglitz et Weiss (1981)].

Enfin, pour les néo-structuralistes, le paradigme de la répression financière ne prend pas en compte la segmentation des systèmes financiers et les interrelations entre les secteurs financiers [Eboué (1990)]. Dans cet esprit, Winjbergen (1983) montre que la libéralisation financière a pour conséquence la baisse de l'offre de crédit dans le secteur informel et la hausse de ressources financières disponibles pour le secteur officiel. Comme le marché informel est plus important, le résultat global net est la diminution de l'offre de crédits et le blocage de la croissance. Ce résultat se retrouve dans les travaux de Taylor (1983) qui consacre également la primauté du secteur informel sur le marché financier officiel. Il démontre que les perturbations négatives du secteur informel dues à la libéralisation financière dominent ses effets positifs sur le secteur formel.

I.4. Survol des vérifications empiriques des effets de la libéralisation financière

Les évaluations empiriques des impacts de la libéralisation financière sur le développement donnent des **résultats ambigus**. Dans une étude portant sur sept pays asiatiques, Fry (1978) établit une corrélation positive et significative entre l'épargne nationale et le taux d'intérêt créditeur réel. Cependant, la conformité de la relation entre les différentes mesures de l'épargne et le taux d'intérêt créditeur réel n'a été établie que dans moins de la moitié des douze pays asiatiques étudiés par Gupta (1984). De même, Diery et Yassim (1993) trouvent que le taux d'intérêt créditeur réel agit positivement et de façon significative sur les comportements d'épargne dans neuf pays d'Afrique. Par contre, dans une étude récente, Bandiera *et alii* (2000) analysent la fonction d'épargne privée dans un échantillon de huit pays en développement. Comme résultat, la corrélation entre le taux d'intérêt créditeur réel et l'épargne est négative.

Par ailleurs, Greene et Villanueva (1991) trouvent que la hausse des taux d'intérêt réduit les investissements dans 33 pays en développement. Ce résultat est validé par Demetriade et Devereux (1992) qui aboutissent à une conclusion similaire sur un échantillon de 64 pays en développement. Enfin, la Banque Mondiale (1989), après avoir classé en quatre groupes un échantillon de 34 pays en développement en fonction de leur taux de croissance, montre dans une analyse comparative que plus le taux d'intérêt créditeur réel moyen est élevé plus l'efficacité des investissements (variation de l'inverse du taux d'investissement) est importante.

Ces vérifications empiriques montrent la nécessité de prendre en compte les caractéristiques spécifiques de chaque pays et en particulier la structure des systèmes de financement dans la formulation des politiques monétaires. En outre, la corrélation entre les variables de libéralisation financière et les variables de croissance économique dépend du degré selon lequel chaque pays s'engage dans le processus de libéralisation. Justement, le point suivant est réservé aux indicateurs de réformes financières en ASS.

Section II
Indicateurs de libéralisation financière dans les pays africains

Il existe plusieurs indicateurs de développement financier. Dans le cadre de cette section, nous les présentons par grands groupes à savoir les indicateurs qui montrent le degré de réformes effectivement entreprises par les gouvernements africains (**II.1**) et les indicateurs d'impact de ces réformes sur l'activité et la production nationale (**II.2**).

II.1. Les indices de libéralisation financière

Avant de présenter les indicateurs de libéralisation financière, il faut d'abord décrire les problèmes observés dans la conduite des réformes, en termes d'antagonismes entre groupes d'intérêt.

a) Antagonismes entre groupes d'intérêt

A ce propos, les quatre groupes les plus impliqués dans le processus de libéralisation financière sont les industriels, les banques, les épargnants et les agriculteurs [Bowless & Whites (1990), Haggard & Maxfield (1993a)] :
1°) Les industriels sont favorisés dans la réglementation à travers l'accès facile au crédit et les taux d'intérêt bonifiés. Ainsi, certains s'opposent au mouvement de la libéralisation, afin de protéger leurs rentes (crédits subventionnés, accès facile au crédit) générées par la réglementation. D'autres encouragent la libéralisation financière, vu les bénéfices potentiels qu'ils espèrent en retirer. En particulier, ils auraient l'opportunité d'emprunter à l'extérieur lorsque le crédit domestique est insuffisant, et pourraient profiter des activités spéculatives.
2°) Les banques, surtout publiques, ont intérêt à maintenir le marché financier domestique réprimé et fermé à la concurrence afin de bénéficier des avantages de structure oligopolistique que le gouvernement leur garantit. Elles manifestent un comportement de résistance contre toute libéralisation financière.

3°) Les épargnants constituent le groupe le plus pénalisé par la réglementation financière, particulièrement dans un environnement inflationniste. Ils fournissent en effet l'essentiel des ressources pour le système financier moyennant une faible rémunération des taux d'intérêt créditeurs). Néanmoins, ces épargnants, étant dans leur majorité des ménages, profitent d'une telle réglementation lorsqu'ils ont la possibilité d'obtenir des crédits à des taux bonifiés pour financer notamment leurs dépenses de consommation. Dans une situation de libéralisation financière donc, ils devraient normalement rentabiliser leurs épargnes et avoir plus d'accès au crédit. Toutefois, ils sont les plus grandes victimes des effets pervers de la libéralisation financière dont la plus grave est l'inflation [Benoît (1985)].

4°) La situation des agriculteurs est confuse : ils peuvent profiter des taux d'intérêt bonifiés en cas de réglementation, mais ils pourraient aussi bénéficier de nouvelles sources de financement en cas de libéralisation. Mais dans les pays où il y a des agriculteurs puissants, ceux-ci parviennent à avoir plus d'avantages avec la réglementation et s'opposent à la réforme [Bates (1981)].

Face à une telle divergence d'intérêts de ces quatre groupes, deux approches sont envisageables pour la conduite de la libéralisation financière : l'ordre séquentiel et le *big-bang*. La première méthodologie consiste à conduire la réforme selon un ordre séquentiel, étape par étape (libéralisation des taux d'intérêt, du commerce, des mouvements de capitaux) pour en minimiser les coûts [Roland (1991)]. Dans cette optique, la libéralisation financière passe pour une recherche collective de solutions, par un gradualisme de nature à minimiser les pertes sociales [Gavin (1993), Dewatripont & Roland (1992)].

La deuxième solution consiste à faire tous les changements en même temps (ce qu'on appelle le *big-bang*) dans l'esprit que les groupes qui anticipent d'être lésés dans les étapes ultérieures ont des chances d'avoir le temps d'organiser une résistance efficace [Martinelli & Tommasi (1993), Lafay (1993b)]. Ainsi, les réformes financières s'apparentent à une thérapie de choc aux comportements de recherche de rente : une exécution plus rapide de la réforme empêche la mobilisation des forces anti-réforme [Sachs (1993), Douglas (1990), Funke (1993)].

Les pays de l'ASS ont manifestement adopté la première approche et les groupes les plus puissants à savoir les industriels et les banques ont eu la possibilité de faire passer certains de leurs intérêts. En conséquence, les réformes semblent avoir été conduites avec trop de réserve, comme en témoignent les indices de libéralisation financière suivants (**tableau 33**).

b) Les indices de libéralisation financière

Les indices de libéralisation financière montrent la force avec laquelle les gouvernements africains ont entrepris des programmes de réformes financières. A ce propos, Enrique et Pereira (1999) ont construit six indices synthétiques de libéralisation financière. Ils portent sur l'ouverture du marché, la quantité et la qualité des services financiers, le degré de répression financière, l'environnement institutionnel, l'ouverture financière et la politique monétaire. Chaque indice est calculé à partir des données d'enquêtes réalisées sur les changements subis par différentes variables financières. Les valeurs obtenues pour les six indices (**tableau 33**) varient de 0 à 100 et permettent de classer les pays en quatre catégories : les pays non développés (premier quartile : entre 0 et 25), les pays moins développés (deuxième quartile : entre 25 et 50), les pays moyennement développés (troisième quartile : entre 50 et 75) et les pays largement développés (dernier quartile : entre 75 et 100).

Tableau 33. Evolution des indices de développement financier de 1987 à 1997

ays	indices														
	Général		Structure du marché		Services financiers		répression financière		Environ. institutionnel		Ouverture financière		Politique monétaire	
	87	97	87	97	87	97	87	97	87	97	87	97	87	97
urkina .	35	65	63	78	11	38	80	27	43	71	38	69	29	71
.Ivoire	41	62	58	71	25	54	80	32	29	43	54	85	43	43
ame- oun	29	56	58	59	7	45	60	61	43	57	15	46	29	86
abon	38	67	62	77	5	5	80	36	43	100	54	77	29	86
.enya	44	75	47	56	13	55	80	23	29	71	77		43	71
lozam- ique	24	53	69	82	11	49	10 0	37	0	29	38		14	43
igeria	27	61	67	82	17	54	80	60	29	86	23		14	57
énégal	33	57	47	62	25	42	80	30	43	71	31		29	43

Swaziland	43	60	62	63	19	62	60	37	0	0	62	57	86
Tanzanie	30	65	49	56	5	56	80	32	29	29	46	14	86
Ouganda	36	64	59	71	8	41	80	33	29	29	46	43	71
Zambie	47	75	67	68	11	45	80	33	86	86	62	14	100
Zimbabwe	38	65	69	73	26	64	80	43	86	57	23	14	86
Moyenne : Ass	33	56	54	63	13	38	79	45	36	56	41	26	57

Source : Tableau élaboré à partir des statistiques tirées de Enrique et Pereira (1999)

Ce tableau montre que les indices de libéralisation et de développement financier se sont en moyenne améliorés, et à plus forte raison l'indice de répression financière qui passe de 79 en 1987 à 45 en 1997. Mais le degré de libéralisation financière reste encore faible. Dans la plupart des pays, la participation de l'Etat dans les banques commerciales est encore très élevée, et les taux d'intérêt réels sont trop bas, voire négatifs. Dorénavant, on peut s'attendre à ce que les conséquences de cette politique monétaire soient moins perceptibles. C'est justement ce que semblent confirmer les indicateurs d'impact suivants (**tableaux 34, 35, 36, 37 et 38**).

II.2. Indices d'impacts de la libéralisation financière

Les indicateurs de résultats financiers se manifestent dans plusieurs domaines, notamment par l'émergence ou le développement des marchés financiers, par l'accroissement du taux d'investissement ou du taux d'épargne, par l'augmentation des taux d'intérêt réels sur les dépôts, et même par la modification de l'allocation des crédits aux secteurs public et privé.

Ainsi, le **tableau 34** dénote une certaine évolution positive du marché boursier. Non seulement le nombre de compagnies a augmenté, mais aussi leurs capitalisations boursières se sont améliorées. Par contre, la libéralisation financière n'a pas permis d'accroissements significatifs du taux d'investissement ou du taux d'épargne (**tableaux 35 et 36**).

Table 34: Nombre de compagnies (1) et leur capitalisation boursière en millions de dollars américains (2)

Pays	1990	1991	1992	1993	Pays	1990	1991	1992	1993
Botswana					Namibie				
(1)	9	11	11		(1)	-	-	4	6
(2)	261	295	261		(2)	-	-	327	3443
C. Ivoire					Nigeria				
(1)	40	39	39		(1)	131	142	153	174
(2)	1290	1183	981		(2)	1372	1882	1221	1029
Egypte					RSA				
(1)	573	627	656	674	(1)	732	688	652	647
(2)	1835	2527	2592	3800	(2)	137500	168497	148802	217110
Ghana					Tunisie				
(1)	13	15	15		(1)	13	-	17	19
(2)	76	84	118		(2)	533	-	817	955
Mauritanie					Zimbabwe				
(1)	13	20	22	30	(1)	57	60	62	62
(2)	265	324	377		(2)	2395	1394	628	1433
Maroc									
(1)	71	67	52	65					
(2)	966	1528	1876	2662					

Source: Ademola and Afekheina (1999).

Tableau 35. Evolution du taux d'investissement (pourcentages de variation de I/Y)

	1970	1975	1980	1985	1990	1995	2000
Burkina Faso	4,25	-0,87	2,05	7,6,9	-1,93	-2,44	10,3
Burundi	-31,5	-27,7	-4,37	-4,33	1,47	-10,5	8,50
Came-roun	32,2	16,9	11,1	1,17	1,54	-6,62	7,28
Côte-d'Ivoire	21,1	2,84	-27,2	8,10	-27,6	21,4	-11,0
Gabon	11,3	23,7	2,62	9,61	-3,15	-0,64	9,29
Kenya	37,7	-31,5	13,7	2,80	-6,99	8,40	-1,78
Mozam-bique	25,4	31,2	27,8	-6,60	3,60	20,9	-16,8
Nigeria	88,2	50,3	13,5	-7,80	-1,65	-13,0	39,7
Rwanda	12,8	34,9	47,3	9,30	-19,2	10,8	-5,00
Sénégal	19,8	5,72	-9,79	-1,74	24,9	6,58	4,39
Swazi-land	35,6	85,8	-10,0	1,89	-8,48	-3,75	2,56
Tanzanie	20,1	35,8	44,5	27,4	-52,5	-14,7	7,46
Ouganda	30,5	47,5	-17,4	-2,51	1,49	42,0	11,5
Zambie	47,5	-13,8	64,6	7,93	12,3	90,0	8,95
Zimba-bwe	20,6	-10,1	-6,65	8,04	19,1	-18,0	-25,6
moyenne	25,0	11,0	10,1	16,0	17,5	15,2	3,32

Source: Tableau construit à partir des *Indicateurs de développement mondial*, Banque Mondiale, CD-Rom 2002.

Tableau 36. Evolution du taux d'épargne (pourcentages de variation de S/Y)

	1970	1975	1980	1985	1990	1995	2000
Burkina Faso	0,710	2,54	-5,84	1,34	7,68	9,23	8,68
Burundi	3,60	-3,15	-59,7	4,10	-5,37	-4,77	-5,57
Cameroun	17,6	17,1	21,7	26,7	20,7	19,5	20,3
Côte-d'Ivoire	29,2	22,6	20,4	27,3	11,3	18,9	18,7
Gabon	43,7	64,3	60,6	47,3	36,9	47,3	28,3
Kenya	23,6	13,5	13,4	21,1	14,4	11,3	3,56
Mozambique	22,5	14,5	-10,6	-4,12	-12,3	-1,90	9,52
Nigeria	12,0	20,7	31,4	12,6	29,4	18,4	34,0
Rwanda	3,32	5,21	4,19	8,20	6,20	-5,79	-0,54
Sénégal	9,69	10,7	-4,95	-2,94	8,92	11,1	10,8
Swaziland	32,2	34,6	6,48	-0,264	20,5	1,79	4,38
Tanzanie	15,8	18,9	-25,6	-18,3	1,28	1,91	9,21
Ouganda	17,2	5,79	-43,4	7,46	0,576	7,38	2,61
Zambie	45,1	21,2	19,3	14,1	16,6	12,2	3,06
Zimbabwe	18,3	22,0	13,8	18,0	17,5	17,0	12,3
moyenne	19,6	18,0	9,55	10,8	11,6	10,9	10,6

Source: Tableau construit à partir des *Indicateurs de développement mondial*, Banque Mondiale, CD-Rom 2002.

Pour le taux d'investissement, il passe de 25 % en 1970 à 16 % en 1985 et à 3,32 % en 2000. De ce fait, la libéralisation financière n'a pas empêché la baisse du taux d'investissement qui s'était déclenchée depuis le début des années 1970. En ce qui concerne le taux d'épargne, il baisse entre 1970 et 1985, remonte un peu entre 1985 et 1995 et chute légèrement en 2000. Globalement, le taux d'épargne semble stationnaire autour de 10%, ce qui confirme encore une fois que le relèvement du taux d'intérêt nominal sur les dépôts n'a pas encouragé les agents à épargner de façon significative.

L'autre leçon qu'on peut tirer des **tableaux 35 et 36** est que les taux d'investissement et d'épargne évoluent différemment. Cela infirme tout au moins partiellement la théorie de la complémentarité capital-épargne qui est l'une des hypothèses fortes du modèle de Mc Kinnon-Shaw.

L'abandon de certaines des hypothèses du modèle de la répression financière se justifie à partir du moment où l'augmentation des taux d'intérêt nominaux est inférieure au taux d'inflation. Les taux réels demeurent négatifs et donc en dessous du seuil de la trappe à liquidité (**graphique 4**).

Graphique 4. Evolution des taux d'intérêt réels sur les dépôts

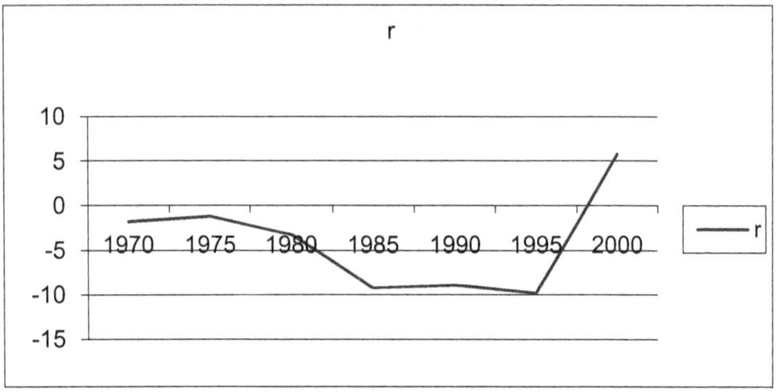

Source : Graphique élaboré à partir des *Indicateurs de développement mondial*, Banque Mondiale, CD-Rom 2002.

Effectivement, le taux d'intérêt réel est négatif depuis 1970 jusqu'à la fin des années 1990. Il commence à être positif à partir de 2000. Dès lors, la libéralisation n'a pas atteint l'objectif principal qui était fondamentalement celui des taux d'intérêts positifs et suffisamment motivants pour le comportement d'épargne. Néanmoins, il faut remarquer que ces maigres résultats découlent des actions de réformes trop timides, car l'Etat est resté un acteur important dans l'activité financière, comme en témoignent les tableaux **37 et 38** sur la répartition des crédits entre le secteur public et le secteur privé.

Tableau 37. Evolution des crédits au secteur privé non bancaire en milliards de monnaie nationale

	1970	1975	1980	1985	1990	1995	2000
Burkina F	1.79	16.74	57.72	77.8	103.2	66.29	263.71
C. Ivoire	76.4	267.2	844.9	1320.5	1307.1	1540.1	1709.8
Nigeria	1.14	1.02	10.7	31.9	61.7	474.4	472
Sénégal	37.52	108.81	301.7	554.2	523.66	538.12	781.89
Burundi	1.68	2.29	13.11	27.42	34.99	39.93	136.21
Cameroun	31.9	125.9	378.5	853.6	1044.9	791.3	952
Gabon	17.25	55.6	177.64	314.98	324.83	453.73	451.7
Rwanda	1.98	4.73	3.48	16.56	36.45	44.02	88.26
Kenya	1.88	6.41	16.23	32.17	70.36	198.88	346.1
Ouganda	0.014	0.052	0.21	6.83	108	235	1142.7
Tanzanie	1.54	5.62	18.3	51.4	287.4	693.9	873.3
Mozamb.	30.4	47.5	86	144.2	363.9	887.6	6574.6
Zambie	-0.03	0.7	1.86	4.22	76.8	1921	7164
Zimbabwe	0.5	0.95	1.15	2.14	4.86	20.5	119.48
Swaziland	9.2	11.3	36.9	168	171.5	328	-382.1

Source: Tableau construit à partir des *Indicateurs de développement mondial*, Banque Mondiale, CD-Rom 2002.

Tableau 38. Evolution des crédits absorbés par le secteur public en milliards de monnaie nationale

	1970	1975	1980	1985	1990	1995	2000
Burkina F.	3.84	4.92	3.38	17.74	41.16	14.6	44.65
C. Ivoire	16.2	25.3	54.7	221.6	203.8	510.1	547.6
Nigeria	0.67	0.71	3.8	19.2	33.4	272.4	107.9
Sénégal	0.03	1.86	28.67	150.7	109.66	179.49	159.69
Burundi	0.82	1.29	5.38	21.06	16.88	7.69	32.1
Cameroun	13.3	11.1	38.1	24.6	148.3	410.9	403.1
Gabon	1.35	11.03	35.05	11.78	102.3	246.55	111.87
Rwanda	1.37	2.85	2.82	2.47	20.89	13.37	17.44
Kenya	0.15	2.21	4.35	12.15	30.73	69.64	82.48
Ouganda	0.006	0.036	0.16	6.22	22.5	11.4	560
Tanzanie	0.87	4.9	17.1	49	171.9	492.9	540
Mozamb.	22.8	36.23	56.4	45.2	49.2	1489	4681.1
Zambie	0.16	0.32	1.37	3.45	66.8	1667	6303
Zimbabwe	0.3	0.52	0.54	1.45	2.18	5.05	53.15
Swaziland	0.016	0.032	0.061	0.008	0.301	0.6	1.706

Source: Tableau construit à partir des *Indicateurs de développement mondial*, Banque Mondiale, CD-Rom 2002.

Le volume de crédits alloués aux entreprises et aux ménages par le truchement du crédit est très faible **avant la réforme**. Par exemple au Burkina Faso, alors que la valeur de M1 atteint en 1970 une valeur de 9.16 milliards de FCFA, seulement 1.79 parvient au secteur privé au titre de crédits. Le volume de crédits absorbé par le secteur public prend des proportions énormes dans la masse monétaire M1. Cela montre alors que la politique monétaire conduite dans les pays de l'Afrique subsaharienne est avant tout au service de l'Etat. Elle sert à financer notamment les déficits budgétaires des gouvernements. Après la réforme, la situation s'améliore et la part des crédits au secteur privé est la plus grande. Toutefois, les crédits au secteur public restent d'un montant élevé. L'Etat ne contrôle plus les taux d'intérêt, mais il ne faut pas oublier que les autorités monétaires sont restées dans la plupart des pays subordonnées aux pouvoirs politiques.

Enfin, nous venons de démontrer que la libéralisation financière, conduite à des degrés d'engagement différents, a produit des effets remarquables sur certains points et des effets apparemment moindres dans d'autres domaines. Certaines théories post-keynésiennes attendaient même des résultats négatifs. La question reste alors posée de savoir si les effets nets sont positifs ou négatifs, et si la réforme vaut la peine d'être poursuivie. Ainsi, il s'impose une vérification empirique à travers l'estimation des équations du taux d'investissement et de la demande d'encaisses réelles, en tenant compte des réformes financières.

Section III
Tests économétriques sur l'efficacité de la politique de libéralisation financière

Pour capter les effets indirects de la libéralisation financière sur le niveau de la production agrégée, nous partons de la structure du modèle de la répression financière tel que présenté par Mc Kinnon (1973) (voir point I.1 de ce chapitre). Nous entamons ensuite la spécification des équations à estimer (**III.1**), puis passons à la présentation des résultats (**III.2**).

III.1. Spécification des modèles à estimer

La spécification retenue part du principe d'un vecteur autorégressif où la variable endogène dépend aussi des variables exogènes de la période passée [voir Mai Salé (1999)].
Les variables pour l'ensemble des tests sont essentiellement caractéristiques du système financier à savoir :
1°) un agrégat monétaire M1. Nous avons vu au **chapitre IV** que c'est M1 qui traduit véritablement le comportement des agents,
2°) le revenu nominal Y (mesuré par le PIB),
3°) le taux d'intérêt réel r défini comme étant la différence entre le taux d'intérêt nominal et le taux d'inflation.

Les deux équations de taux d'investissement et de demande de monnaie se présentent alors sous les formes suivantes:

a) Equation du taux d'investissement

(23) $\log(I/Y)_t = f[\log Y_t, r_t, \log(M/P)_t, \log Y_{t-1}, r_{t-1}, \log(M/P)_{t-1}]$
(23) est la forme fonctionnelle de l'équation du taux d'investissement. Celui-ci s'explique par les niveaux courants du PIB réel, du taux d'intérêt réel et de la demande d'encaisses réelles d'une part, et, les niveaux pris par ces facteurs au cours des périodes précédentes d'autre part. La linéarisation de (23) donne :
(24) $\log(I/Y)_t = a_0 + a_1 \log Y_t + a_2 r_t + a_3 \log(M/P)_t + a_4 \log Y_{t-1} + a_5 r_{t-1} + a_6 \log(M/P)_{t-1} + e_t$

b) Equation de la demande d'encaisses réelles

(25) $\log(M/P)_t = f[\log Y_t, \log(I/Y)_t, r_t, \log Y_{t-1}, r_{t-1}, \log(I/Y)_{t-1}]$
Pour simplifier posons :

a) $\rho = \log(I/Y)$,
b) $y = \log Y$
c) $m = \log(M/P)$

Dès lors, les équations (23) et (25), une fois **spécifiées en panel**, deviennent :
(26) $\rho_{it} = a_0 + a_1 y_{it} + a_2 r_{it} + a_3 m_{it} + a_4 y_{i\,t-1} + a_5 r_{it-1} + a_6 m_{it-1} + e_{it}$
(27) $m_{it} = b_0 + b_1 y_{it} + b_2 r_{it} + b_3 \rho_{it} + b_4 y_{it-1} + b_5 r_{i\,t-1} + b_6 \rho_{i\,t-1} + e_{it}$
avec:
$e_{it} = k_i + v_{it}$.

En ce qui concerne les signes théoriquement attendus pour les paramètres estimés, tous sont positifs : compte tenu de l'hypothèse de la répression financière, un accroissement du taux d'intérêt réel rendu possible par la libéralisation financière devrait encourager l'épargne, l'investissement et la production. En retour, ces effets positifs de la libéralisation financière se transmettent positivement sur la demande de monnaie. Cependant, la règle de décision relative aux hypothèses de libéralisation financière permet seulement de vérifier les deux hypothèses de la répression financière, mais pas d'identifier les effets de la libéralisation financière. Pour pouvoir en même temps jauger les impacts de cette politique, nous introduisons une variable muette U, prenant la valeur 0 depuis 1970 et la valeur 1 depuis 1985. C'est véritablement en 1985 que tous les pays sont entrés dans ces réformes financières. De ce fait, les équations (3) et (4) deviennent :

(28) $\rho_{it} = a_0 + a_1 y_{it} + a_2 r_{it} + a_3 m_{it} + a_4 y_{i\,t-1} + a_5 r_{it-1} + a_6 m_{it-1} + a_7 u_{it} + e_{it}$

(29) $m_{it} = b_0 + b_1 y_{it} + b_2 r_{it} + b_3 \rho_{it} + b_4 y_{it-1} + b_5 r_{i\,t-1} + b_6 \rho_{i\,t-1} + b_7 u_{it} + e_{it}$

La règle de décision est alors la suivante :

1°) Si la relation entre taux d'investissement et taux d'intérêt réel (équation 26) ou entre demande d'encaisses réelles et taux d'intérêt réel (équation 27) est positive, les hypothèses de la répression financière sont vérifiées et la libéralisation financière n'a pas été efficace.

2°) Par contre, si la relation en question est négative et que le coefficient estimé pour la variable muette est statistiquement nul (effets nuls de la libéralisation financière), cela implique que la répression financière n'a jamais eu lieu.

3°) Enfin, si la relation est négative et que le coefficient associé à la variable muette est statistiquement significatif (effets significatifs de la libéralisation financière), cela veut dire que la répression financière était forte, mais qu'elle a été supprimée grâce aux réformes de la politique monétaire en termes de libéralisation financière. L'estimation des équations (28) et (29) donne les résultats suivants (**tableaux 39 et 40**).

III.2. Résultats d'estimation

Tableau 39. Résultats d'estimation sur la fonction du taux d'investissement

variables	coefficients	Statistique « t »		
y_{it}	0,893	21,451		
r_{it}	-0,087	12,356		
m_{it}	0,066	17,125		

p_{it}	-0,007	1,456		
$y_{i\ t-1}$	0,013	1,569		
$r_{i\ t-1}$	-0,004	1,056		
$m_{i\ t-1}$	0,001	0,458		
u_{it}	0,007	0,086		
Effets spécifiques				
Nigeria	7,789		Kenya	4,446
Côte-d'Ivoire	6,103		Ouganda	4,871
Burkina Faso	3,546		Tanzanie	2,151
Sénégal	5,558		Mozambique	1, 447
Gabon	5,108		Zambie	1, 051
Cameroun	6,141		Zimbabwe	5 ,501
Burundi	1,569		Swaziland	1,113
Rwanda	1,890			
R^2	0,808			
DW	2,08			
N	510			

Le *Student* calculé pour la variable muette est inférieur à la valeur critique qui est de 1,96. Partant, le coefficient associé à cette variable muette est nul, ce qui veut dire que la libéralisation financière a été inefficace. Comme l'élasticité du taux d'investissement par rapport au taux d'intérêt réel est négative et que les effets de la libéralisation financière sont statistiquement nuls, on peut infirmer l'hypothèse de la répression financière. Malgré la faible ouverture financière en ASS , l'investissement ne suit pas l'épargne, qui est motivée par des taux d'intérêt élevés.

En d'autres termes, l'équation (21) traduisant la complémentarité entre l'épargne et l'investissement n'est pas vérifiée en ASS. Or, c'est cette complémentarité qui faisait dépendre positivement l'investissement du taux d'intérêt, contrairement à la théorie monétaire néoclassique. Ainsi, en dépit de la répression financière et de la mobilité trop faible des capitaux, l'investissement est resté déterminé essentiellement et négativement par le coût du crédit.

Tableau 40. Résultats d'estimation sur la fonction de demande d'encaisses réelles

variables	**coefficients**	**Statistique « t »**		
y_{it}	0,906	11,541		
r_{it}	-0,054	9,016		
ρ_{it}	-0,032	13,170		
y_{it-1}	0,071	0,045		
$R_{i\ t-1}$	-0,005	1,741		
$\rho_{\ it-1}$	-0,003	0,898		
u_{it}	1,052	0,567		
Effets spécifiques				
Nigeria	2,155		Kenya	1,784
Côte-d'Ivoire	2,058		Ouganda	1,833
Burkina Faso	1,450		Tanzanie	0,994
Sénégal	1,893		Mozam-bique	0,663
Gabon	1,781		Zambie	0,347
Cameroun	2,045		Zimbabwe	2,459

Burundi	0,584		Swaziland	0,762
Rwanda	0,667			
R^2	0,773			
DW	2,231			
N	510			

Ce tableau montre que la demande d'encaisses réelles est fondamentalement expliquée par le revenu, grâce à une élasticité de 0,906. L élasticité de la demande d'encaisses réelles par rapport au taux d'intérêt réel est négative. En outre, les effets de la libéralisation financière captés à partir du coefficient estimé pour la variable muette sont statistiquement nuls, ce qui nous amène à infirmer la deuxième hypothèse de la répression financière.

En définitive, le blocage institutionnel des taux d'intérêt nominaux à des niveaux bas a produit bien entendu des effets néfastes, mais ce n'est pas là l'unique cause majeure du faible niveau d'investissement, ni des faibles performances monétaires qu'on observe en ASS.

En ce qui concerne les spécificités individuelles, les économies les plus dynamiques sont encore une fois celles à spécialisation pétrolière, minière ou multiple, ou alors les pays en unions monétaires où les politiques monétaires sont plus ou moins stables et incitatrices à la production.

Conclusion du chapitre

Au niveau de la **fonction du taux d'investissement**, les résultats d'estimation montrent bien que seules les variables de revenu réel expliquent le taux d'investissement. Les variables de taux d'intérêt réel et de demande de monnaie n'influencent que de façon marginale le comportement d'investissement. Cela se comprend dès lors que le modèle estimé ne prend pas en compte le dualisme financier. Les agents privés non bancaires trouvent des ressources au marché financier parallèle et se méfient du comportement du secteur formel. Cette conclusion valide alors les critiques postkeynésiennes sur la fonction d'investissement, et celles de l'école néo-structuraliste [Winjbergen(1983)] sur la prédominance de la finance informelle.

Pour la **fonction de demande d'encaisses réelles**, les variables de revenu sont là aussi les seules statistiquement non nulles. La demande de monnaie est donc insensible au taux d'intérêt et au taux d'investissement, ce qui se comprend aussi, car dans les pays en développement en général les encaisses sont désirées pour motif de transaction. Le gros de la masse monétaire est détenu sous forme de monnaie fiduciaire ou de dépôts ne rapportant pas d'intérêt. Une fois de plus, le rôle du taux d'intérêt est remis en cause, de même que les effets positifs de la libéralisation financière prédits par les monétaristes des économies financièrement réprimées.

De façon générale, les résultats de la libéralisation financière ont été décevants comme l'affirme Chouchane (2001). Mais il faut aussi jeter un regard sur le degré faible selon lequel les divers pays se sont engagés dans cette réforme. Les indices de libéralisation financière montrent justement que le désengagement de l'Etat s'est fait timidement et que le relèvement des taux d'intérêt est resté en dessous du niveau d'inflation : dans la plupart des pays, les taux d'intérêt réels sont restés négatifs. Les Etats sont restés actionnaires majoritaires dans la plupart des banques commerciales. Enfin, et nous l'avons déjà mentionné dans la conclusion sur les politiques budgétaires, l'instabilité politique rend moins crédible la politique monétaire, ce qui amène souvent les agents à conserver leurs actifs monétaires dans les pays développés. C'est pour cette raison que les pays de l'ASS, qui souffrent du manque de ressources financières, sont des exportateurs nets de capitaux. De ce fait, tout accroissement de l'épargne qui pourrait résulter de la libéralisation financière pourrait plutôt profiter aux banques occidentales. Cela explique encore la déconnexion entre le capital et l'épargne et valide la remise en cause de l'hypothèse du modèle de la répression financière.

Enfin, comme pour les politiques budgétaires pures, les politiques monétaires pures sont n'étaient pas accompagnées, dans le cadre d'un bon *policy mix*. Ce faisant, la question qui se pose est de savoir comment combiner les instruments budgétaires et monétaires en vue d'élaborer le meilleur *policy mix*. La réponse à ce problème passe par l'étude des conflits entre les objectifs des deux types de politiques et de leurs avantages comparatifs. C'est ce que nous proposons de faire au **chapitre VI** de ce travail.

Chapitre VI

Coordination des politiques économiques et *policy mix* en Afrique subsaharienne

Les précédents développements montrent que la politique budgétaire à elle seule ne peut pas stabiliser l'économie, ses effets positifs sur l'activité réelle étant compensés par les effets d'éviction directe et indirecte ou les effets de débordement. De même, l'impact net de la politique monétaire reste imprévisible : dans l'optique keynésienne, une augmentation de l'offre de monnaie peut permettre de stimuler les investissements via la baisse des taux d'intérêt, alors que, dans l'optique monétariste, cette politique se traduit à terme par l'effet d'encaisses réelles, et donc par un accroissement du taux d'inflation.

Ces constatations conduisent en définitive à envisager une coordination des politiques économiques. Après avoir mis en exergue le principe d'affectation des instruments budgétaires et monétaires (**section I**), nous traitons leur efficacité relative au plan théorique et empirique en vue de dégager les avantages comparatifs de chaque politique (**section II**). Nous clôturons le chapitre par la discussion des spécificités de la zone franc par rapport aux autres pays de l'ASS, en vue de vérifier si l'intégration monétaire est une stratégie importante de développement économique (**section III**).

Section I
Le principe d'affectation des instruments : intérêt et limites

Le problème majeur à résoudre dans la coordination des politiques économiques consiste en l'affectation optimale des instruments aux objectifs, de façon à minimiser les fluctuations de l'activité économique ou des prix. Deux types d'enjeux se manifestent à savoir le choix des objectifs et des instruments prioritaires d'une part et, d'autre part, le bon usage des instruments. De ce fait, nous présentons dans cette section les modes d'affectation des instruments tant en modèle statique (**I.1**) qu'en modèle dynamique (**I.2**), les limites du principe général d'affectation tel que développé par Mundell (**I.3**) et, enfin, l'antagonisme assimilable à un jeu stratégique entre les autorités monétaire et budgétaire (**I.4**).

I.1. Modèle statique d'économie fermée

En économie fermée, la question du *policy mix* se pose comme un problème de gestion de la demande globale. Il s'agit de doser les politiques budgétaire et monétaire afin de réaliser des objectifs d'activité et d'inflation d'après le « principe de l'entonnoir commun » (Tobin, 1982) :

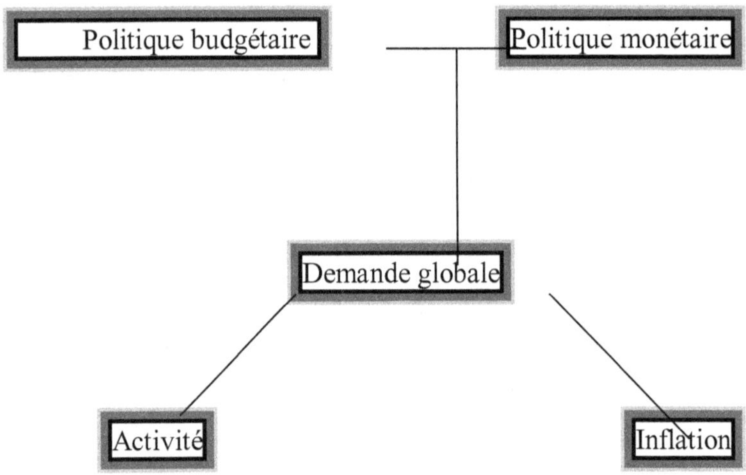

Le principe de l'entonnoir commun suppose que la demande globale soit insensible à la combinaison des politiques budgétaire et monétaire de sorte qu'on peut substituer, sans changer le résultat final, une expansion budgétaire et une restriction monétaire. Cette affectation n'est pas cependant opérationnelle en économie ouverte ou dans les modèles d'économie dynamiques, comme bien démontré dans le point qui suit.

I.2. Modèles dynamiques d'économie ouverte

Plusieurs économistes ont tenté de résoudre le problème d'affectation des instruments aux objectifs en dynamique et dans le contexte d'une économie ouverte.

Timbergen (1952), en modélisant les fondements théoriques de la politique économique, débouche notamment sur le célèbre théorème selon lequel la politique économique doit avoir au moins autant d'instruments que d'objectifs indépendants. Ensuite, Mundell (1962) apporte la première réponse à la question d'affectation : du point de vue théorique, son analyse répond aux problèmes posés par le traitement dynamique des effets croisés des instruments sur les objectifs. Par exemple, dans un système à deux instruments et deux objectifs, la poursuite d'un objectif à l'aide d'un instrument peut faire sortir l'autre objectif de sa cible, et réciproquement. Si ces effets croisés l'emportent sur les effets directs, la poursuite simultanée des deux objectifs conduira à s'éloigner de la cible au lieu de s'en rapprocher (instabilité dynamique).

En conséquence, la solution consiste à affecter les instruments aux objectifs selon le principe des avantages comparatifs: "chaque instrument doit être affecté à l'objectif qu'il influence le plus relativement". A cette fin, Cooper (1969) montre que ce principe correspond à la condition de stabilité dynamique du système. Par conséquent, si la politique budgétaire est relativement plus efficace sur la demande intérieure que sur la balance des paiements, alors, elle est affectée à l'équilibre interne tandis que la politique monétaire est affectée à l'équilibre externe. De ce fait, **le graphique 5** montre comment l'économie revient à l'équilibre après un choc budgétaire ou monétaire.

Graphique 5. Affectation de la politique budgétaire à l'équilibre interne et de la politique monétaire à l'équilibre externe

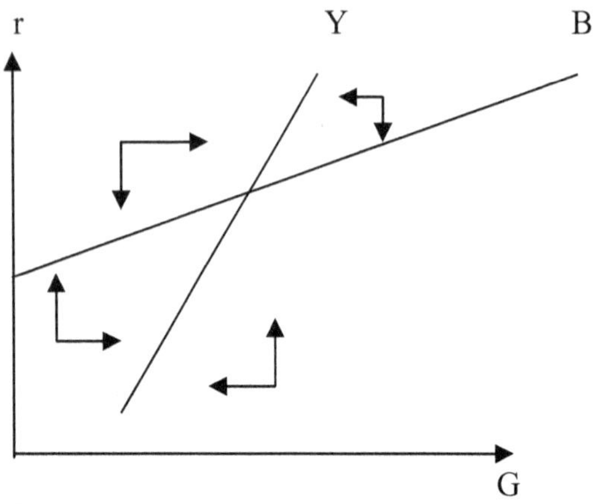

Comme ce diagramme de phase l'indique, l'économie peut tomber dans quatre types de déséquilibre :

1°) Excédent de la demande intérieure avec déficit extérieur (cadran sud-est)

2°) Déficit de la demande intérieure avec excédent extérieur (cadrant nord-ouest)

3°) Excédent de la demande intérieure avec excédent extérieur (cadran nord-est)

4°) Déficit de la demande intérieure avec déficit extérieur (cadran sud-ouest)

Ainsi, la combinaison des instruments dépendra du type de déséquilibre à corriger :

1°) Si l'économie est en excès de demande intérieure et en déficit extérieur, il faut diminuer le niveau de dépenses publiques (**baisse de G**) pour rétablir l'équilibre interne, et faire augmenter le taux d'intérêt (**hausse de r**) par une baisse de la base monétaire (politique monétaire restrictive) en vue de stimuler l'entrée de capitaux et d'améliorer la balance des paiements.

2°) En cas de déficit de la demande intérieure et d'excédent extérieur, le rétablissement de l'équilibre se fera par une politique budgétaire expansionniste (**hausse de G**) de nature à relever la demande effective, et par une politique monétaire expansionniste

visant pour objectif intermédiaire la baisse du taux d'intérêt (**baisse de r**) et ayant pour objectif final la réduction de l'excès de la balance des paiements, ce qui revient à décourager l'entrée de capitaux ou à en encourager la sortie.
3°) En situation d'excès de la demande intérieure et de la balance des paiements, le *mix* efficace sera composé d'une politique budgétaire restrictive (**baisse de G**) pour réduire le surplus de demande effective et d'une politique monétaire expansionniste (**baisse de r**) pour supprimer ou réduire le surplus extérieur.
4°) Enfin, dès que l'économie est en déficit conjoint intérieur et extérieur, le *mix* doit en même temps relever la demande intérieure par une politique budgétaire expansionniste (**hausse de G**) et améliorer le solde extérieur en encourageant l'entrée de capitaux par une politique monétaire restrictive (**hausse de r**).

Par contre, si la politique budgétaire est relativement plus efficace sur la balance des paiements que sur la demande intérieure, elle est affectée à l'équilibre externe, là où la politique monétaire est affectée à l'équilibre interne. Le retour à l'équilibre est décrit par **le graphique 6** suivant.

Graphique 6 : Affectation de la politique budgétaire à l'équilibre externe et de la politique monétaire à l'équilibre interne

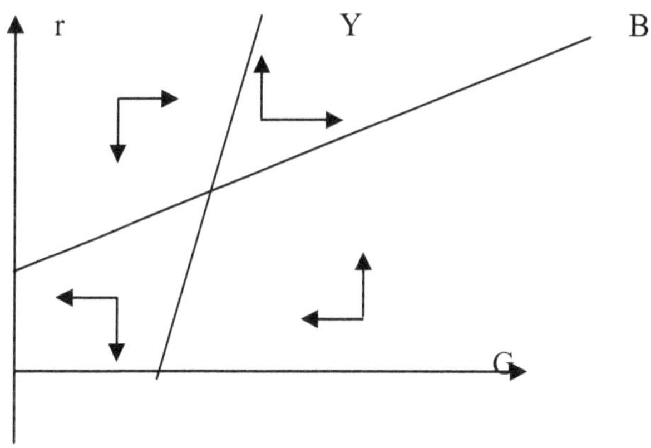

En cas d'affectation inverse où la politique budgétaire est affectée à l'objectif d'équilibre externe et la politique monétaire à l'équilibre interne, seules deux situations permettent de retourner à l'équilibre : si l'économie se caractérise par un excédent de demande intérieure avec déficit extérieur (cadran sud-est), une politique budgétaire restrictive (**baisse de G**) pour diminuer l'excès de demande intérieure et une politique monétaire restrictive (**hausse de r**) destinée à améliorer la balance extérieure peuvent être efficaces. De même, une situation d'excédent extérieur avec déficit intérieur (cadran nord-ouest) peut se corriger par une politique budgétaire expansive **(hausse de G**) et une politique monétaire expansive (**baisse de r**). Par contre, en cas de déficit intérieur avec déficit extérieur (cadran sud-ouest) et d'excédent tant intérieur qu'extérieur, les politiques en question éloignent davantage l'économie de son équilibre initial et sont inefficaces du point de vue des objectifs poursuivis.

Nous venons de développer les différentes possibilités d'affectation répondant au principe général de Mundell. Toutefois, il est à noter que ce principe a un certain nombre de limites.

I.3. Limites du principe d'affectation de Mundell

Le précédent modèle d'affectation constitue une référence première de la doctrine du *policy mix*, mais semble de moins en moins en accord avec les caractéristiques essentielles des économies contemporaines.

Premièrement, on peut s'interroger sur la possibilité de pratiquer une politique monétaire autonome en changes fixes, lorsque la mobilité des capitaux devient très forte. En d'autres termes, il existe une certaine incompatibilité entre autonomie de la politique monétaire, changes fixes et mobilité des capitaux. En conséquence, la stérilisation des mouvements de capitaux devient pratiquement impossible lorsque leur mobilité est parfaite.

Deuxièmement, si on relâche l'hypothèse de rigidité des prix, un troisième objectif se présente : la lutte contre l'inflation. A partir de ce moment, on a trois objectifs (équilibre interne, balance des paiements, lutte contre l'inflation) et deux instruments. La solution à ce problème est l'adoption d'un régime de changes flexibles. En effet, dans un tel régime, la flexibilité du taux de change va assurer l'équilibre externe, et il ne reste que deux objectifs (activité et inflation) à assurer avec deux instruments (politique budgétaire et politique monétaire). Dans ce cas, une règle d'affectation selon le principe de Mundell peut être appliquée **en assignant la politique budgétaire à l'activité et la politique monétaire à la lutte contre l'inflation**. Ceci respecte le principe des avantages comparatifs car une relance budgétaire soutient certainement l'activité mais exerce un impact incertain sur l'inflation selon le degré de mobilité des capitaux : si la mobilité est faible, le déficit commercial provoque une dépréciation de la monnaie et des pressions inflationnistes tandis que si elle est forte, l'accroissement du taux d'intérêt consécutif à une relance budgétaire provoque des entrées de capitaux, une appréciation de la monnaie et des pressions déflationnistes. Au contraire, une politique monétaire restrictive exerce un effet non ambigu sur l'inflation en élevant le taux d'intérêt et en appréciant le taux de change indépendamment de la mobilité des capitaux.

Enfin, Mundell ne se préoccupe pas de la dynamique du modèle : peut-on vraiment se satisfaire d'une augmentation permanente des taux d'intérêt pour soigner un déficit externe, sans se soucier d'effets secondaires tels que l'éviction de l'investissement domestique ? Dans une perspective dynamique, il est établi une connexion entre la gestion de la demande globale et l'état des capacités de production, et bien que, **par le principe de l'entonnoir en commun**, la demande globale soit insensible à la combinaison des politiques économiques, sa composition en est affectée. Ainsi, une politique budgétaire expansionniste et une politique monétaire restrictive favorisent la consommation par rapport à l'investissement privé, par le biais des taux d'intérêt élevés. Par contre, une politique monétaire expansive et une politique budgétaire restrictive favorisent l'investissement et la croissance. Dans les années 40, la position keynésienne dite de la finance fonctionnelle (Lerner,1943) préconisait l'affectation de la politique budgétaire à l'objectif de plein emploi, et la politique monétaire devait être utilisée pour monétiser la dette jusqu'à ce que le taux d'intérêt baisse suffisamment pour atteindre l'investissement optimal. Si, du point de vue statique, n'importe quel *mix* entre dépenses publiques et politique monétaire peut parvenir au plein emploi (principe de l'entonnoir en commun), les deux instruments ne sont pas parfaitement substituables en longue période : le principe de la finance fonctionnelle consiste alors à choisir des degrés de monétisation et d'endettement optimaux de manière à atteindre le taux de croissance souhaité en infléchissant l'arbitrage consommation-épargne.

En définitive, le principe d'affectation de Mundell suppose une entente entre les deux autorités de la politique économique. En ASS, il a gouverné les décisions de politique économique depuis les années 1960 et semble être l'une des causes de la crise d'endettement et de l'inflation dans la plupart des pays. On est en train d'envisager à partir des années 1985 un autre type d'affectation à même de limiter les dépenses publiques et de contrôler les prix. A partir de ce moment, le *policy mix* prend la forme d'un jeu stratégique pour l'autorité monétaire et l'autorité budgétaire.

I.4. Le *policy mix* comme jeu stratégique

La coordination des politiques budgétaire et monétaire pour la gestion de la demande globale se prête bien à une analyse de stratégies gagnantes : à cet égard, Blinder (1982), et Nordhaus (1993) présentent une analyse de type *dilemme du prisonnier* permettant à la fois de justifier la conjonction fréquemment observée d'une restriction monétaire et d'un relâchement budgétaire et l'idée que cette conjonction est inefficace.

Dans leurs modèles, les autorités monétaires et budgétaires exercent leur influence au travers de l'entonnoir en commun sans chercher à s'entendre. Dans ce modèle, le gouvernement cherche à stimuler l'économie en limitant autant que possible son intervention. Sa stratégie dominante est certes l'expansion budgétaire, mais il préfère que cette expansion soit financée par création monétaire. Ainsi sa combinaison optimale est de type **expansion budgétaire-expansion monétaire**.

Quant à la banque centrale, elle cherche à contracter la demande pour lutter contre l'inflation. Son utilité est maximale en cas de contraction monétaire et de contraction budgétaire.

L'équilibre de Nash qui en résulte est un équilibre en stratégies dominantes [Desquilbet & Villieu (1998)]. Il se caractérise par une contraction monétaire et une expansion budgétaire. Cet équilibre est néanmoins inefficace et les deux acteurs feraient mieux de s'entendre sur une expansion monétaire couplée à une restriction budgétaire pour atteindre un niveau de satisfaction agrégée supérieur. Plus profondément, Nordhaus (1994) spécifie de façon détaillée le modèle économique sous-jacent et, à l'aide des données sur l'économie américaine, il en conclut qu'une politique macroéconomique coordonnée serait une politique dans laquelle une réaction du taux d'intérêt survient en même temps que la contraction budgétaire et avec suffisamment de force pour en compenser l'impact restrictif.

Dans les modèles de Blinder et de Nordhaus, c'est essentiellement parce que les préférences des autorités sont différentes que **l'équilibre non coopératif est contreproductif**. A contrario, lorsque les autorités partagent le même objectif, le conflit disparaît. Mais cet optimum obtenu avec coordination, de premier rang pour les autorités, est de second rang pour la société. En effet, si les préférences sociales sont celles du gouvernement, l'optimum social serait obtenu avec **une expansion budgétaire et monétaire**. Dans le cas contraire, la fonction d'utilité sociale serait maximisée avec **une restriction à la fois monétaire et budgétaire**. A partir de ce moment, les problèmes de coordination s'expliquent par le fait que les deux autorités de la politique budgétaire et de la politique monétaire peuvent être en désaccord sur les objectifs et les priorités de la politique économique i.e. sur ce qu'elles estiment être l'idéal pour la société.

La littérature sur « l'inconséquence temporelle »[2] des politiques économiques suppose généralement que l'autorité budgétaire (le gouvernement), élue, a vraisemblablement la bonne fonction du bien-être social, mais risque d'être préoccupée par des considérations électoralistes de court terme, de sorte qu'une autorité monétaire indépendante sert de contrepoids garantissant le suivi des objectifs de long terme.

Dans ce cas, le manque de coordination du *policy mix* n'est rien d'autre que la reconnaissance que des objectifs de long terme

---

[2] L'inconséquence temporelle d'une part signifie, la tentation de la banque centrale de pratiquer des surprises d'inflation en vue de la relance de l'activité, générant ainsi un problème de crédibilité de la politique monétaire, et d'autre part, elle consiste pour le gouvernement en des surprises de dépenses publiques dans le but de faire baisser le chômage, surprises qui sont aussi susceptibles d'engendrer l'inflation par le canal du taux d'intérêt.

doivent être pris en compte dans la gestion courante de la politique économique. A ce propos, Blinder (1982) et Thygessen (1993) soutiennent que l'interaction entre les autorités budgétaire et monétaire conduit plus souvent à un conflit constructif qu'à un jeu destructeur et que **la coordination serait contreproductive**. Du point de vue empirique, la coordination mise en pratique depuis les années 1950, en ASS, s'est partout soldée par des déficits budgétaires chroniques et des taux d'inflation de plus en plus croissants, suggérant par là la nécessité d'un autre principe d'affectation. Néanmoins, il n'est pas certain que l'indépendance de la banque centrale sera plus opérationnelle que le principe des avantages comparatifs de type Mundell. Le point suivant est justement consacré à la vérification empirique des avantages comparatifs de l'une ou l'autre alternative.

Section II
Efficacité relative des instruments des politiques budgétaire et monétaire sur l'activité en Afrique subsaharienne : vérification empirique

Nous venons d'expliquer les modalités du *policy mix* et leurs fondements théoriques. Cela soulève bien entendu des interrogations : au regard de ce qui se passe en ASS, faut-il adopter l'indépendance des autorités monétaire et budgétaire ? En cas de préférence pour la coordination, à qui conférer le pouvoir de contrôle ? On ne peut répondre à ces questions que par un processus de vérification empirique. Pour cela, passons en revue la littérature économétrique dans laquelle nous indiquons le choix de méthodologie que nous allons emprunter et les leçons tirées des travaux déjà faits avec la même méthodologie (**II.1**). Ensuite, nous spécifions le modèle compatible avec notre échantillon et nous en estimons les paramètres (**II.2**).

II.1. Revue de littérature économétrique

La littérature économétrique se caractérise par deux aspects essentiels : la diversité des méthodes d'estimation d'une part et, d'autre part, l'ambiguïté des résultats pour une même méthode. Concernant le **premier aspect**, l'analyse de l'efficacité relative des instruments des politiques monétaire et budgétaire sur l'activité a souvent été faite de deux manières :

1°) Dans la première spécification et l'estimation d'un modèle structurel permettent d'isoler les effets directs et indirects des deux politiques alternatives afin de rendre compte de la manière dont les divers secteurs de l'économie sont affectés. C'est l'approche adoptée notamment par De Leeuw et Gramlich (1969) avec le modèle MIT/FRB (Massachusetts Institute of Technology and Federal Reserve Bank). Un tel modèle présente le désavantage qu'en plus d'être complexe, l'omission d'un mécanisme important de transmission conduit à une estimation erronée de l'ampleur des effets des instruments de politique économique.

2°) La deuxième est celle qui utilise la forme réduite à une équation unique. Celle-ci réduit la structure de l'économie à une simple équation qui décrit comment les variables exogènes déterminent les valeurs des variables endogènes. Pour ce faire, une certaine mesure de l'activité économique est régressée directement sur les instruments de politique budgétaire ou monétaire, sans devoir spécifier le mécanisme de transmission. Cette approche a été utilisée notamment par Andersen et Jordan (1968), Ajayi (1974), Ubogi (1985), Orsmond (1992) pour l'Afrique. L'inconvénient reconnu à cette approche est qu'elle fait abstraction des relations structurelles entre les secteurs de l'économie et les mécanismes de transmission des actions des politiques budgétaire et monétaire. C'est néanmoins cette approche que nous allons utiliser compte tenu de sa simplicité : plus précisément, nous allons adopter la méthodologie à équation unique telle que décrite par le modèle dit de « Saint Louis » emprunté par Andersen et Jordan (1968).

Comme hypothèse de départ, ces derniers soutiennent que seule l'offre de monnaie (et par conséquent la politique monétaire) a un impact à long terme sur le PIB, alors que les dépenses publiques, quoique pouvant avoir un impact immédiat sur le PIB, n'exerceraient aucun impact de long terme.

Quant au **deuxième aspect**, la plupart des travaux utilisant l'approche de la forme réduite de Saint Louis concluent que, de façon générale, la politique monétaire a un impact plus important, plus prévisible et plus rapide sur l'activité économique que la politique budgétaire.

Cependant, ce résultat est variable en fonction des spécificités des pays. A ce propos, Batten et Haffer (1983), utilisant le modèle pour le Canada, l'Allemagne, le Japon et les Etats-Unis, concluent que la croissance monétaire a un impact plus significatif et plus durable que la politique budgétaire, mais aboutissent aux résultats contraires pour la Grande-Bretagne et la France. Chowdhry (1968) trouve que la politique monétaire est plus puissante que la politique budgétaire pour le Danemark, la Norvège et la Suède, alors que pour la Belgique et les Pays- Bas, c'est la politique budgétaire qui manifeste un avantage stabilisateur.

Pour les pays africains, les premières recherches sur l'efficacité relative des politiques budgétaire et monétaire datent des travaux d'Ajayi (1974), Ubogi (1985). Ajayi régresse les

variables du PIB annuel du Nigeria entre 1960 et 1970 sur les différences premières du total des dépenses gouvernementales, des recettes fiscales, ainsi que des diverses mesures de l'offre de monnaie. Il arrive à la conclusion que les variables monétaires sont plus performantes que les variables budgétaires en ce qui concerne leur influence sur le revenu national.
A son tour, Ubogi (1985) emploie la même méthodologie pour les pays de l'Afrique subsaharienne, avec des données en séries temporelles, et conclut que la politique budgétaire est plus puissante dans les pays à bas niveau de revenu, alors que la politique monétaire l'est dans les pays à revenus intermédiaires relativement élevés.

II.2. Test des avantages comparatifs des politiques budgétaire et monétaire

Admettons que des actions de politique budgétaire et monétaire puissent exercer une influence significative sur le PIB. Cette influence peut être représentée, en économétrie des panels et en logarithme, par la formule générale suivante :
(30) $Y= f(d, m,\Omega)$
où Y désigne le PIB, d est une variable représentant les actions de politique budgétaire, m une variable de politique monétaire et Ω une variable qui représente les actions autres que les deux types de politique économique [Andersen et Jordan (1968), Keran (1970)]. Si nous admettons que les actions autres que de politiques budgétaire et monétaire sont ramassées par la constante c_0, ou le terme d'erreur (dans ce cas, Ω disparaît du modèle), cette relation fonctionnelle peut être représentée au moyen de l'équation linéaire ci-après :
(31) $y_t = c_0+ c_1d_t +c_2m_t + e_t$ avec :
Spécifiée en panel, l'équation (31) devient :
(32) $y_{it} = c_0+ c_1d_{it} +c_2m_{it} + e_{it}$, avec:
$e_{it} = k_i + v_{it}$, $E(k_i/v_{i\,t}) = 0$

L'impact d'une variable exogène sur une variable endogène peut être approximé au moyen d'un modèle à retards échelonnés qui est du reste un cas spécial des modèles dynamiques. L'idée de base est qu'une variable économique ne réagit pas instantanément au changement d'une autre variable, mais avec un retard d'une ou de plusieurs périodes. Ainsi, dans l'hypothèse où ce retard serait d'une année, nous pouvons traduire cette idée dans l'équation (32) de la façon suivante :

(33) $y_{it} = c_0 + c\ d_{it} + c_2 m_{it} + c_3 d_{it-1} + c_4 m_{it-1} + e_{it}$

Nous en arrivons donc à une forme particulière de la structure polynomiale des retards d'Almon [Haudeville (1996)], le cas général étant celui où le nombre de retards est égal à n.

Règle de décision : A court terme, si c_1 est supérieur à c_2, la politique budgétaire présente un avantage comparatif dans la stabilisation. A moyen terme, cette même politique dispose d'un avantage comparatif (par rapport à la politique monétaire) si c_3 est supérieur à c_4. A long terme, la politique budgétaire est plus entraînante que la politique monétaire si $(c_1+c_3) > (c_2+c_4)$.

L'estimation de l'équation (33) donne alors les résultats suivants (**tableau 41**).

Tableau 41. Valeurs des paramètres estimés du modèle de *policy mix* spécifié

variables	**Coeffi-cients**	**Statistique « t »**		
d_{it}	0,331	3,333		
m_{it}	0,188	4,718		
d_{it-1}	0,017	0,194		
m_{it-1}	0,011	2,004		
Effets spécifiques				
Nigeria	0,981		Kenya	0,544
Côte-d'Ivoire	0,887		Ouganda	0,780
Burkina Faso	0,213		Tanzanie	0,112
Sénégal	0,355		Mozambique	0,213
Gabon	0,311		Zambie	0,111

Cameroun	0,556		Zimba-bwe	0,741
Burundi	0,088		Swaziland	0,092
Rwanda	0,095			
R^2	0,757			
DW	1,63			
N	510			

Au regard des valeurs calculées de Student, les coefficients estimés sont tous significatifs (sauf celui de long terme pour la politique budgétaire). De même, ces paramètres ont des signes positifs comme théoriquement attendu.

En comparant les élasticités de courte période, on constate que la politique budgétaire influence plus que la politique monétaire l'activité et le revenu national.

Par rapport à la règle de Mundell, on devrait affecter les instruments budgétaires à l'équilibre interne et aux objectifs de court terme, et les instruments monétaires à l'équilibre externe comme aux objectifs de longue période.

Cependant, à long terme, la politique monétaire présente un avantage absolu, puisque le coefficient de la politique budgétaire est statistiquement nul. De ce fait, en termes d'affectation, il faudrait privilégier en courte période les instruments budgétaires et en longue période les instruments monétaires.

En ce qui concerne les spécificités individuelles, l'environnement macroéconomique est favorable dans les pays à spécialisation multiple et défavorable dans les pays à spécialisation purement agricole du point de vue de la politique budgétaire. Sous l'angle de la politique monétaire, ce sont les pays de la zone franc, donc en unions monétaires, qui manifestent le plus de dynamisme, suite à la stabilité et à la crédibilité des institutions monétaires. Il y a moyen d'affirmer aussi que, dans ces pays, les critères de convergence, tels que convenus dans les traités, contraignent un peu les autorités budgétaires à une certaine discipline et à une certaine rigueur dans la gestion de la chose publique. En ce moment, l'initiative privée en est encouragée, les échanges d'intrants entre entreprises se renforcent, les facteurs de la croissance endogène se conjuguent pour aboutir à une certaine croissance au-delà des performances prédites par les élasticités des dépenses publiques ou de la politique monétaire. C'est dans cet esprit que nous jugeons pertinent de mettre en relief les spécificités de la Zone franc par rapport aux autres pays de l'ASS (**section III**).

Section III
Spécificités de la Zone franc par rapport aux autres pays de l'ASS

Les particularités de la Zone franc tiennent en même temps à l'émission de la monnaie domestique et à la variation du taux de change nominal. De ce fait, les pays en unions monétaires et le reste des pays de l'ASS diffèrent par les stratégies de stabilisation par l'ancrage nominal, à savoir la stabilisation par la monnaie et la stabilisation par le change [Calvo, Vegh (1999)]. La stratégie de la monnaie unique présente plusieurs avantages à savoir l'effet de discipline de l'ancrage nominal lié au fait que chaque pays membre ne crée pas de la monnaie comme il veut (**III.1**), et l'effet de crédibilité tenant au fait que tous les pays ont le même taux de change et que chaque pays n'est pas libre de dévaluer sa monnaie (**III.2**). Il subsiste cependant une question de savoir laquelle, de la stabilisation par création monétaire ou de la stabilisation par le taux de change, est la plus efficace (**III.3**). Et l'étude de cette problématique aboutit en définitive aux vertus reconnues aux unions de change (**III.4**).

III.1. Stabilisation par la monnaie et l'effet de discipline de l'ancrage nominal

Par rapport aux autres pays, les Unions monétaires manifestent une certaine discipline dans l'émission de la monnaie locale. En effet, la BCEAO privilégie dans la conduite de sa politique monétaire quatre instruments à savoir le système de réserves obligatoires, la limitation globale des encours, le contrôle du crédit et la politique des taux d'intérêt. En ce qui concerne la BEAC, les seules différences sont d'ordre institutionnel : (1) l'inexistence d'un marché monétaire pour les pays d'Afrique centrale, substitut puissant à la création monétaire légale, (2) la définition de la politique monétaire confiée, à la différence de l'UEMOA, non pas au Conseil des Ministres, mais à un conseil d'Administration composé de treize membres dont quatre pour le Cameroun, deux pour le Gabon, trois pour la France et un pour chacun des autres pays membres.

Comme résultats, la Zone franc africaine a été sans nul doute un espace de stabilité monétaire. L'inflation en longue période a été maîtrisée même si quelques dérapages ont été constatés pendant la période 1974 - 1982 [Bathia (1985), Serre (1988), Dedehouanou (1984), Semedo (1992)]. Par contre, les pays qui ne sont pas en union monétaire ont tendance à s'accommoder des chocs, en pratiquant des variations trop importantes de l'offre de monnaie. Ainsi, le taux d'inflation est, à long terme, relativement moins élevé en Zone franc que dans la majorité des pays de l'ASS. Cet effet déflationniste de la politique monétaire axée sur une relative déconnexion de l'offre de monnaie aux chocs porte souvent le nom **d'effet de discipline** [Combes et Veyrune (2004)]. Il faut noter cependant que cet effet a des conséquences sur les instruments de politique budgétaire, notamment sur le solde budgétaire et le rapport de la dette publique au PIB qui ne doivent pas dépasser un certain seuil.

Bien en endu, quelques faits stylisés montrent que, au sein même de la Zone franc, les cycles de la politique monétaire dévoilent des phases de restriction et d'expansion communes aux aires couvertes par la BCEAO et la BEAC : (1) une politique sévère de l'offre de monnaie sur la période 1962-1974 avec un léger laxisme en 1968, en 1973 et 1974, (2) une politique d'expansion monétaire entretenue par le relais du marché international de capitaux et par une amélioration des termes de l'échange des pays africains suite aux deux chocs pétroliers sur une période allant de 1974 à 1982, (3) un retour à la rigueur monétaire à partir de 1985 marqué par les réformes de 1989.

L'évolution de la politique monétaire dans les pays africains de la Zone franc témoigne donc d'une certaine originalité marquée : elle a été plus restrictive et les taux d'intérêt plus élevés que dans les autres pays en développement comparables en longue période 1962 -1993. Mais ceci n'exclut pas une phase plus expansionniste avec des taux d'intérêt plus bas comparativement aux autres pays en développement durant la période 1974-1982. Donc, la demande de monnaie dans cette Zone franc est plus dynamique, **avec des effets spécifiques en moyenne plus élevés que dans le reste de l'ASS**.

III.2. Stabilisation par le taux de change et effet de crédibilité

Lorsque l'inflation est d'origine monétaire (ce qui est le cas dans la plupart des pays en développement), elle tient fondamentalement à une politique monétaire expansive, souvent liée au besoin de financement du déficit public, ou à des chocs indépendants des autorités. Dès lors, l'inertie de l'inflation sur le taux de change réel s'explique ici par des ajustements du taux de change nominal (ancrage nominal par le taux de change). En règle générale, durant les années 1960 et 1970 de politiques budgétaires et monétaires expansives, tous les pays africains optent pour des régimes de taux de change fixe. C'est véritablement à partir des années 1980 que les pays de l'UEMOA et de la CEMAC diffèrent de façon significative des autres pays de l'ASS. En effet, les taux de change restent fixés dans la Zone franc CFA, exception faite de la dévaluation de 1994, alors que le reste de l'ASS se livre aux régimes de change flottant. Partant, la politique monétaire de taux de change fixe permet aux deux Unions monétaires de maintenir la stabilité non seulement des prix, mais aussi de leur monnaie. Cet effet porte le nom **d'effet de crédibilité** de politique d'ancrage par le taux de change [Combes, Veyrune (2004)].

A partir de là, on peut se poser la question de savoir si l'ancrage nominal par la monnaie est préférable à l'ancrage nominal par le taux de change. Ceci nous amène à une comparaison des deux stratégies de stabilisation en présence.

III.3. Ancrage par la monnaie versus ancrage par le taux de change

Une étude de quelques faits stylisés permet de dégager les points forts et les points faibles de chacune de ces deux stratégies de stabilisation (**tableau n°42**).

Tableau 42. Faits stylisés de la stabilisation par le change et par la monnaie

Faits stylisés	Stabilisation par le change	Stabilisation par la monnaie
A.	Convergence lente du taux d'inflation local vers le taux de l'inflation international malgré un taux de dévaluation réduit de manière permanente	Convergence lente du taux d'inflation local vers le taux de croissance de la base monétaire
B.	Boom initial suivi d'une contraction de la production nationale	Contraction de la production nationale
C.	Appréciation réelle de la monnaie	Appréciation nominale du taux de change
D.	Détérioration de la balance commerciale et du compte courant	Légère amélioration des soldes extérieurs
E.	Réponse ambiguë des taux d'intérêt réels au programme de stabilisation	Augmentation initiale des taux d'intérêt réels

Source : Combes J.L., Veyrune R. (2004) : « Effet de Discipline et Effet de Crédibilité de l'Ancrage Nominal », *Revue d'Economie Financière*, vol.75, p. 59.

Ce tableau montre que la première différence réside dans le calcul du taux d'inflation cible. Dans le cas de la stabilisation par le change, le taux d'inflation cible se détermine sur la base du taux d'inflation international (objectif d'équilibre extérieur), tandis que dans le cas de la stabilisation par le monnaie, le taux d'inflation cible est établi sur base des taux de croissance de la base monétaire (objectif d'équilibre extérieur). Ensuite, dans l'arbitrage entre l'inflation et le chômage, la poursuite des objectifs de crédibilité et de discipline favorise à moyen terme le chômage et la baisse de l'activité et donc la contraction de la production nationale. De même, la politique de change fixe s'accompagne de l'appréciation réelle de la monnaie nationale qui provoque, via la perte de compétitivité, la détérioration des soldes extérieurs. Parallèlement, la politique monétaire restrictive permet une appréciation nominale du taux de change favorable à la balance commerciale. Enfin, la réponse des taux d'intérêt à la politique de change fixe ou peu flexible est ambiguë dans le premier cas, alors que les taux d'intérêt augmentent certainement dans le cas de la politique monétaire restrictive.

Cependant, ces comparaisons sont d'une portée uniquement théorique puisque, dans la réalité, les pays libres de faire l'arbitrage inflation-chômage financent une partie importante de leurs déficits par création monétaire.

Ainsi, la vraie question serait plutôt de savoir s'il est finalement bénéfique d'entrer en union monétaire pour gagner au travers des effets de discipline et de crédibilité. Autrement dit, étant donné les coûts liés à une certaine perte d'indépendance et à la faible flexibilité des instruments de politique économique aux chocs conjoncturels, faut-il avoir recours à une union de taux de change ? La réponse à cette question passe par une analyse des vertus conférées aux unions de taux de change.

III.4. Vertus reconnues aux unions de taux de change

De prime abord, les unions de taux de change apparaissent comme une solution au problème des stratégies de stabilisation fondées sur le change par un accroissement de la discipline et un renforcement de la crédibilité.

D'une part, les unions de taux de change suppriment les pressions sur la demande globale suscitées par les déficits publics. Par ailleurs, elles imposent une contrainte budgétaire « sévère » au secteur bancaire.

D'autre part, les chocs indépendants des autorités sont gérés d'une manière passive ou automatique et le retour du taux de change réel à son niveau d'équilibre se fait par la baisse du prix des biens non échangeables (et non par la variation du taux de change nominal) : on dit alors qu'il y a ajustement automatique du taux de change réel.

En outre, un engagement ferme et contraignant peut convaincre les agents de la détermination du gouvernement à maintenir un taux de change fixe et à pratiquer une politique monétaire cohérente avec cet engagement. En effet, la permanence dans le temps d'un ancrage joue beaucoup pour rassurer les agents quant à la solidité de l'engagement annoncé [Willett (1998)].

De ce fait, les caisses d'émission introduisent le taux de change prédéterminé dans la constitution. Autrement dit, elles l'institutionnalisent. Ainsi, il est fixé pour toujours, et l'éventualité de sa modification n'est pas laissée à la discrétion du gouvernement.

La Zone franc CFA agit de même. Le taux de change est déterminé par une convention internationale et sa modification réclame l'accord unanime des chefs d'Etats des Unions et de la France. Cette unanimité entraîne une dilution des préférences locales, renforçant ainsi le *statu-quo*. Une longue histoire de fixité du CFA (depuis 1948) et le soutien financier du Compte d'Opération sont les principales sources de crédibilité de la politique monétaire au sein de la Zone franc CFA. Au regard des résultats en termes de stabilité monétaire et de croissance économique comparée des pays de l'ASS, nous partageons l'idée de Combe et Veyrune (2004) que l'effet de crédibilité de change en Zone franc CFA a plus de chances d'être supérieur à celui des caisses d'émission. Ce résultat est d'ailleurs partagé par certains chefs d'Etats non encore en union monétaire. C'est notamment pour cette raison que les pays de la Zone COMESA (Common Market of East and South Africa) sont en train d'évoluer vers une forme d'union monétaire.

Cependant, les effets de discipline et de crédibilité s'accompagnent d'un certain manque de flexibilité dans les divers arbitrages entre l'activité et la lutte contre l'inflation. Ils se traduisent notamment par des taux d'intérêt réels plus négatifs jusqu'en 1980, et plus bas depuis cette époque (**Tableau 43**).

En effet, la rigidité ou la faible flexibilité de la politique monétaire ou de la politique de change par rapport aux chocs est une sorte de **répression financière indirecte**, puisqu'elle empêche les taux d'intérêt nominaux de varier librement face aux chocs d'offre ou de demande tant nationaux qu'internationaux.

Tableau 43. Evolution comparée des taux d'intérêt réels dans la zone CFA et dans les autres pays d'ASS

	1970	1975	1980	1985	1990	1995	2000
CFA	-8,56	-7,36	-1,94	3,77	1,06	2,01	2,49
Non CFA	-7,01	-6,38	-10,7	4,12	1,64	4,14	3,39
COMESA	-5,31	-3,84	-13,1	6,58	0,41	1,45	3,66

Source: Tableau construit à partir des *Indicateurs de développement mondial*, Banque mondiale, CD-Rom 2002.

Du point de vue théorique, de faibles niveaux de taux d'intérêt réels encouragent l'investissement direct tant national qu'étranger et la production, mais découragent l'entrée de capitaux étrangers en portefeuille. Mais de l'autre côté, nous montrons dans le précédent chapitre que la répression financière produit des effets néfastes sur l'activité.

L'autre limite tient au degré d'intégration économique entre les pays de la zone. A ce propos, le **tableau 44** met en lumière deux phénomènes importants.

D'abord, mise à part l'absence de liens économiques (traduite par des taux de corrélation nuls) entre (**1**) la Côte-d'Ivoire et le Tchad, (**2**) le Gabon et la Mauritanie, (**3**) le Nigeria et la Mauritanie, (**4**) le Gabon et le Ghana, (**5**) le Cameroun et la Gambie, (**6**) la Côte-d'Ivoire et le Ghana, tous les autres pays ont des fonctions d'offre interdépendantes, aussi bien au sein de la Zone CFA qu'à l'extérieur.

Ensuite, les divers coefficients permettent de conclure (1) que les chocs de demande et d'offre sont moins corrélés entre les pays de la Zone CFA comparativement à d'autres blocs, (2) et que certains pays de la zone dépendent plus de la conjoncture des autres pays non membres.

Ainsi, les deux groupes de considérations montrent véritablement qu'il n'y a pas d'obstacles insurmontables à une unification monétaire élargie en Afrique supérieure aux états de la nature identifiés, (2) et que le commerce transfrontalier, la contrebande et l'économie souterraine sont les conséquences d'une mosaïque de régimes monétaires [Semedo (1998)].

De plus, il y a moyen de démontrer que, de façon générale, les spécificités des divers pays africains peuvent devenir mutuellement avantageuses, au travers d'une fonction d'utilité collective. Effectivement, il faudrait que l'union monétaire s'étale au-delà des limites traditionnelles de la Zone franc, notamment à l'échelle de toute l'ASS [Semedo (1998), Debrun, Masson et Pattillo (2002)].

Tableau 44. Corrélation des chocs d'offre et de demande dans les pays de la zone franc et dans les pays limitrophes

	1	2	3	4	5	6	7	8	9	10	11	12	13	14	15
1		0.05	-0.02	-7	-0.10	0.42	0.40	0.02	-0.13	-0.18	-0.13	-0.15	-0.06	0.14	0.18
2	0.17		-0.30	-0.08	**0.00**	0.40	0.21	0.00	-0.21	-0.39	0.08	0.23	-0.27	-0.07	-0.23
3	0.16	-0.3		0.11	0.06	0.05	0.01	-0.02	0.16	0.31	-0.06	0.06	0.10	-0.06	0.26
4	0.25	0.20	-0.09		0.01	-0.02	0.40	0.14	-0.05	0.22	0.26	-0.12	-0.12	0.25	0.16
5	0.39	0.19	0.07	0.49		0.23	0.20	-0.03	0.32	-0.14	0.34	-0.03	-0.06	-0.04	0.19
6	0.29	0.30	0.05	0.45	0.29		0.22	0.02	0.12	-0.13	0.31	0.10	0.20	0.30	0.03
7	0.02	-0.28	0.08	-0.03	0.07	-0.19		0.18	**0.00**	-0.09	0.08	0.14	-0.19	-0.13	**0.00**
8	-0.32	0.33	-0.06	-0.03	0.09	-0.24	-0.25		0.17	0.06	0.04	0.03	-0.22	-0.39	-0.23
9	0.32	0.26	0.30	0.32	0.44	0.21	0.01	-0.08		0.06	0.12	0.29	0.22	**0.00**	0.47
10	0.09	0.23	0.31	0.27	0.29	0.32	0.05	0.11	0.37		0.07	-0.09	0.08	-0.14	0.01
11	0.14	-0.14	0.30	0.44	0.32	0.04	0.38	-0.16	-0.04	-0.08		0.02	0.02	-0.13	0.26
12	0.32	0.28	0.07	0.45	-0.03	0.47	-0.17	-0.07	0.51	0.02	0.03		0.14	0.13	0.26
13	0.01	-0.16	-0.13	0.58	0.16	0.10	0.29	**0.00**	-0.05	0.06	0.25	0.07		-0.13	-0.05

14	-0.21	-0.07	-0.12	0.13	**0.00**	-0.08	0.10	0.05	0.15	-0.14	0.20	-0.31	-0.36		0.37
15	-0.02	-0.03	0.45	-0.07	0.10	-0.16	0.23	-0.03	0.15	0.23	-0.07	-0.16	0.08	0.06	

Note :

1. Niger	9. Gabon
2. Tchad	10. Congo
3. Bénin	11. République Centrafricaine
4. Togo	12. Sénégal
5. Côte-d'Ivoire	13. Gambie
6. Burkina Faso	14. Ghana
7. Mauritanie	15. Nigeria
8. Cameroun	

Source : Horvath & Grabowski (1997).

L'enthousiasme à l'égard d'une union monétaire africaine tient essentiellement à deux facteurs, qui transcendent les objectifs économiques conventionnels d'accélération de la croissance et de réduction de l'inflation. La création d'une Banque Centrale Africaine pourrait justement remédier au manque de discipline et de crédibilité dont souffrent les banques centrales nationales.

Néanmoins, pour bien refléter les spécificités nationales, la Banque Centrale Africaine devrait être comme une Banque Fédérale travaillant harmonieusement avec des banques régionales correspondant aux groupes d'intérêt. Pour Debrun, Masson et Pattillo (2002), ces banques régionales correspondraient :

(1) au Marché Commun de l'Afrique Orientale et Australe (COMESA) : Angola, Burundi, Comores, République Démocratique du Congo, Djibouti, Egypte, Erythrée, Ethiopie, Kenya, Madagascar, Malawi, Maurice, Namibie, Ouganda, Rwanda, Seychelles, Soudan, Swaziland, Zambie et Zimbabwe.

(2) à la Communauté Economique des Etats de l'Afrique Centrale (CEEAC) : Burundi, Cameroun, République Démocratique du Congo, Gabon, Guinée Equatoriale, République Centrafricaine, Rwanda, Sao Tomé, Tchad.
(3) à la Communauté Economique des Etats de l'Afrique de l'Ouest (CEDEAO): Bénin, Burkina Faso, Cap-Vert, Côte-d'Ivoire, Gambie, Ghana, Guinée, Guinée-Bissau, Liberia, Mali, Niger, Nigeria, Sénégal, Sierra Leone, Togo.
(4) et à la Communauté de Développement de l'Afrique Australe (SADC) : Afrique du Sud, Angola, Botswana, République Démocratique du Congo, Lesotho, Malawi, Maurice, Mozambique, Namibie, Seychelles, Swaziland, Tanzanie, Zambie et Zimbabwe.

Bien entendu, comme on peut le constater grâce à cette typologie, l'appartenance de certains pays à plusieurs groupements régionaux et donc le cumul de leurs engagements donnent lieu à des doubles emplois et parfois à l'adoption d'objectifs incompatibles avec les initiatives d'intégration régionale en Afrique.

Enfin, il reste la question de savoir si, compte tenu de la théorie des zones monétaires optimales, tous les pays gagneraient à appartenir à l'Union Monétaire Africaine. Trois cas de figure se présentent :

Premièrement, si tous les pays de la région sont identiques et soumis aux mêmes chocs, une union monétaire est alors bénéfique à tout le monde. La perte de l'autonomie monétaire n'entraînerait aucun coût, et tous les pays enregistreraient une inflation plus basse, parce que la Banque centrale commune ne chercherait pas à stimuler par une expansion monétaire la production d'un pays au détriment des autres.

Deuxièmement, si les besoins de financement de l'Etat varient d'un pays à l'autre, les incitations à participer à une union monétaire vont varier elles aussi. Les grands dépensiers tireront profit du surcroît de discipline offert par la banque centrale africaine, qui compense en partie la dérive inflationniste de leurs banques nationales, alors que les pays peu dépensiers réaliseront des pertes supplémentaires, du fait de la demande excessive de financement monétaire de la part des pays très dépensiers.

Troisièmement, l'objectif d'inflation fixé par la banque centrale commune ne tiendra compte que de la composante commune des perturbations de l'offre (celles des termes de l'échange), et cela rendra coûteux l'abandon d'une politique monétaire indépendante si les chocs sont différents d'un pays à l'autre.

Dans la pratique, on constate que l'asymétrie des chocs d'offre contribue de façon marginale aux gains et pertes nets liés aux différents projets d'union monétaire, l'essentiel étant les différences d'objectifs en matière de dépenses publiques. Par exemple, à l'échelle régionale, un projet de monnaie commune au sein de la CDEAO aurait un problème lié à l'insuffisance de discipline budgétaire de certains pays candidats comme le Nigeria. De même, un projet d'union monétaire pour tous les pays de la SADC serait compromis par la réticence des pays soucieux de rigueur budgétaire (Afrique du Sud et Botswana par exemple) à admettre les pays qui ne le sont pas. A l'échelle du continent, les différences de cet ordre entre les régions rendraient probablement une monnaie commune africaine peu attrayante pour certains pays candidats.

Dans cette perspective, il faudrait en guise de solution une politique budgétaire commune d'accompagnement pour lever les indéterminations que nous venons de présenter. Plus précisément, il serait question d'envisager un Budget Fédéral compatible avec les actions de la Banque Centrale Africaine.

Toutefois, il faut reconnaître que cette coordination avec indépendance du Trésor fédéral est bien plus ardue que la délégation du pouvoir monétaire à un banquier central. Déjà, si les pays de la Zone euro, dotés d'institutions administratives qualifiées, ont du mal à respecter les critères de convergence, on devient moins optimiste quant à la faisabilité du projet en question pour les pays en développement [Semedo (1998)].

Les travaux empiriques existants [Van Der Ploeger (1991), Muet (1995)] sur le bilan des finances publiques en unions monétaires plaident en faveur d'une telle coopération : la centralisation de certains impôts ou de certaines prestations permet d'amortir de manière satisfaisante les chocs externes grâce à des politiques macroéconomiques appropriées.

Un autre problème de coordination par le budget fédéral est lié aux phénomènes hors marchés tels que le traitement de l'environnement, la fourniture de biens collectifs, la recherche-développement, etc. A ce moment-là, le Trésor fédéral devrait s'occuper de ces politiques sectorielles en associant les ressources nationales et les ressources fédérales. Là nous jetons véritablement les bases économiques de l'Unité Africaine dont l'objectif est d'arriver, d'ici l'an 2021, à se doter d'une monnaie unique et d'une Banque Centrale Africaine [Wallace (2004)].

En fin de compte, à la lumière des éclaircissements apportés tout au long de ce travail, au travers des six chapitres, nous proposons, en guise de conclusion générale, les comportements qui seraient compatibles avec les grandes cibles d'un meilleur *policy mix*.

Conclusion du chapitre

L'objectif de ce chapitre était de rechercher la meilleure politique mixte en ASS, compte tenu des avantages comparatifs des instruments budgétaires et monétaires. A ce propos, les résultats suggèrent que la politique budgétaire manifeste un avantage comparatif dans la stabilisation de la production intérieure (**objectif d'équilibre interne**), aussi bien à court terme qu'à long terme. Partant, on pourrait assigner à la politique budgétaire un objectif d'équilibre interne et de stabilisation permanente de court, moyen et long terme. Dans ce même esprit, **un objectif d'équilibre extérieur** et de stabilisation conjoncturelle serait assigné à la politique monétaire.

Cette affectation paraît d'autant plus réaliste que les actions de politique budgétaire exigent un processus démocratique long et irréversible dans un petit laps de temps, alors que les décisions de politique monétaire sont rapides et facilement modifiables.

Cependant, cette affectation a des limites à partir du moment où les pays de l'ASS sont fortement endettés. Le problème de solvabilité qui sévit dans tous les pays en développement en général amène certains économistes à proposer un *policy mix* où le taux de croissance monétaire serait proportionnel à celui du PIB et où la lutte contre l'inflation serait assignée à la lutte politique budgétaire restrictive.

En outre, force est de constater que, face à la mondialisation de l'économie, les politiques économiques nationales ont besoin de stratégies internationales pour produire les effets souhaités. En effet, nous avons démontré que les politiques sont plus performantes dans les pays en union monétaire et le seraient davantage si les unions en question s'accompagnaient d'une intégration économique forte. Ainsi, nous proposons que les pays africains parviennent à long terme à une monnaie unique, avec des objectifs intermédiaires d'unions monétaires régionales à moyen terme. Nous n'ignorons pas cependant les contraintes à la faisabilité d'un tel projet, car même pour la Communauté Européenne il a fallu beaucoup d'années pour arriver à une monnaie unique. L'ASS se heurtera à un grand nombre de contraintes institutionnelles ou économiques qu'elle devra alléger ou supprimer progressivement, et nous proposons une série de mesures concrètes à court, moyen et long terme dans la conclusion générale.

Conclusion générale

Politiques et actions concrètes à court, moyen et long terme

Tout au long de ce travail, nous avons montré que les politiques budgétaire et monétaire se répercutent très faiblement sur l'activité, et que les contraintes institutionnelles pèsent lourdement sur les effets multiplicateurs des divers instruments de politique économique.

Premièrement, pour la politique budgétaire, nous avons développé les déterminants de l'environnement défavorables aux effets multiplicateurs, à savoir la finance non fonctionnelle, l'instabilité politique, le phénomène de la corruption et la fuite de capitaux, et nous avons donné quelques recommandations de politique économique pour les corriger. Cependant, à ce niveau, nous admettons que la mauvaise finance signifie aussi les arbitrages inefficients en termes d'allocations prioritaires. Dans cette conclusion générale, nous allons aussi proposer d'autres pistes de performance tenant notamment à la qualité des allocations budgétaires.

Deuxièmement, en ce qui concerne la politique monétaire, nous avons constaté que la politique discrétionnaire des années 1960 et 1970, tout comme la politique de libéralisation financière menée depuis les années 1980 a eu un impact négligeable. Les causes en sont multiples, mais les plus importantes sont souvent réputées être la persistance d'un excès d'interventions publiques sur le marché de la monnaie, les taux d'intérêt réels sur les dépôts très bas et trop contrastés avec les taux d'intérêt sur les crédits qui sont trop élevés, les taux de change irréalistes et les niveaux de seigneuriage monétaires trop élevés, surtout dans la plupart des pays hors Zone franc CFA. Dans cette conclusion générale, il sera aussi question d'expliquer un autre groupe de mesures en vue de renforcer la complémentarité entre les actions budgétaires et monétaires pour le développement à court, à moyen et à long terme de l'ASS.

Troisièmement, aucune des réformes proposées ne peut réussir si les agents privés et les institutions ne sont pas convaincus de la place de l'Etat et de son rôle en économie mixte. De ce fait, après les propositions de politiques budgétaire et monétaire, nous esquissons les grandes lignes sur le statut que doit adopter l'Etat dans les économies africaines contemporaines.

Enfin, l'expérience montre que les pays en union monétaire ont plus de facilité à se redresser que ceux qui adoptent la stratégie de « cavalier seul ». C'est pourquoi cette conclusion se termine par une proposition d'intégration régionale et même africaine à long terme qui puisse permettre aux pays africains de profiter davantage de leurs complémentarités.

A. Mesures d'efficacité allocative de la politique budgétaire

L'amélioration des choix allocatifs en matière de politique budgétaire porte essentiellement **sur les indicateurs d'équilibre interne** à savoir (**a**) le budget (recettes et dépenses), et plus particulièrement (**b**) la charge fiscale des agriculteurs, (**c**) la structure des marchés, (**d**) la privatisation des entreprises publiques non rentables, (**e**) l'utilisation efficiente des moyens institutionnels, **sur certains indicateurs d'équilibre externe** notamment (**f**) la priorité aux exportateurs et (**g**) la rationalisation des barrières aux importations [Schadler *et alii.* (1993)].

a) Actions sur le budget

La plupart des pays de la région ont encore besoin de réduire leurs déficits budgétaires (dont la couverture est assurée par le système bancaire), afin de moins avoir à recourir à l'inflation ou aux emprunts extérieurs pour leurs besoins de financement. Bien entendu, beaucoup de gouvernements n'ont guère la possibilité de réduire leurs dépenses publiques, mais la composition de ces dépenses peut et doit être améliorée, car leur structure fait ressortir une mauvaise allocation des ressources en privilégiant les dépenses de consommation finale par rapport aux dépenses productives. Le meilleur moyen de réduire les déficits est donc d'augmenter les recettes fiscales, mais il faudrait le faire sans pénaliser indûment les entreprises car « trop d'impôt tue l'impôt ».

L'épargne intérieure, relativement faible en Afrique par rapport à d'autres régions en développement, doit s'accroître pour financer les investissements. Il faudra absolument, dans un premier temps, éliminer les taux d'intérêt réels fortement négatifs. Mais comme il n'est pas aisé de définir d'autres mesures de nature à encourager l'épargne privée, la meilleure solution, à court terme, sera d'encourager l'épargne publique. A long terme, le plus sûr moyen de faire progresser l'épargne sera de stimuler la croissance, parce que croissance et épargne se renforcent mutuellement : une croissance forte engendre une épargne forte qui, à son tour, mène à une croissance forte.

b) Alléger la charge fiscale de l'agriculteur

Dans le secteur agricole, il faut essentiellement continuer d'alléger la charge fiscale qui pèse sur les agriculteurs en libéralisant les prix et la commercialisation et en réduisant la protection dont bénéficie l'industrie. Il y a eu des progrès substantiels mais les pays en question doivent faire davantage pour aider les agriculteurs. La suppression des entreprises parapubliques de commercialisation agricole, en particulier pour les produits d'exportation, doit figurer en bonne place dans leurs programmes d'action.

c) Actions sur la structure des marchés

Comme la concurrence incite aux gains de productivité et que les entreprises soumises à la concurrence sont plus nombreuses que celles qui ont un accès privilégié au crédit ou aux devises, il faut impérativement la renforcer en Afrique par la déréglementation et la réforme du commerce. Il est impératif de libéraliser les marchés, afin de mettre en concurrence les agents du secteur privé et les entreprises parapubliques. La liaison entre les prix à la production et les prix pratiqués sur les marchés mondiaux pourrait, au moins dans le court terme, constituer d'utiles mesures de transition. Ces mesures peuvent notamment aider les agriculteurs à tirer parti de la dépréciation du taux de change, qui ne pourrait autrement servir qu'à assurer la rentabilité financière des entreprises parapubliques.

Il faut veiller à ne pas compromettre les efforts de libéralisation du marché par des procédures d'octroi de licences restrictives et d'autres interventions qui favorisent injustement les entreprises de commercialisation parapubliques. Les négociants se voient souvent confrontés à un excès de réglementations (pour l'octroi de licences, le transport, le mouvement des marchandises, les heures et les lieux d'échange, ainsi que les poids et mesures). Il est aussi important de progresser simultanément sur le front du développement en améliorant la qualité des dépenses publiques de transport, d'infrastructure rurale ainsi que de recherche et de vulgarisation agricole.

d) Privatisation des entreprises publiques non rentables

Jusqu'ici, les efforts de privatisation et d'amélioration des résultats des entreprises publiques se soldent par un maigre bilan. Les gouvernements africains ont résisté à la privatisation, en particulier des entreprises publiques les plus importantes. Mais les solutions de rechange (leur imposer des contraintes strictes budgétaires ou leur donner plus d'autonomie et les astreindre à une règle rigoureuse de gestion commerciale) ne marchent que rarement. Par ailleurs, certains pays arrivent à contourner les obstacles à la privatisation en délivrant aux particuliers des bons pour l'achat des actions d'entreprises publiques ou en réservant des parts de capital aux employés. D'autres utilisent différentes formules d'investissement privé et font appel à des sociétés de holding pour en améliorer la gestion. Les désengagements sans cession d'actifs (par voie de leasing, de concessions ou de contrats d'intéressement au rendement) peuvent faire intervenir davantage le secteur privé dans la gestion des services publics de distribution et autres monopoles naturels et en améliorer la productivité.

e) Utilisation efficiente des moyens institutionnels

Parce que la plupart des pays africains ont des moyens limités pour bien gouverner, la priorité devrait aller aux réformes de nature à réduire au maximum les interventions injustifiées de l'Etat sur le marché. Il faudrait par exemple supprimer les offices de commercialisation, privatiser les entreprises publiques et remplacer les restrictions à l'importation par des tarifs douaniers. Beaucoup de pays ont entrepris des réformes macroéconomiques, agricoles et commerciales qui vont effectivement dans ce sens.

f) La priorité aux exportateurs

Vu l'importance des exportations pour la croissance, les pays africains devraient être attentifs aux besoins des exportateurs et se fixer pour règle de leur donner la priorité. Un moyen facile de le faire est de supprimer les réglementations superflues en leur donnant automatiquement accès aux devises, en supprimant les monopoles d'exportation et en facilitant leur accès aux intrants intermédiaires et aux biens d'équipement.

Les Etats doivent aussi encourager la participation des entreprises étrangères, parce que celles-ci peuvent apporter ce qu'il faut en termes de contacts et de connaissances en production pour s'implanter sur les marchés mondiaux.

Les gouvernements et les organisations internationales devraient renoncer à privilégier certaines exportations gagnantes. Les zones franches industrielles n'ont été que de simples zones de libre-échange ou de production sous contrôle douanier. Il est donc important de trouver d'autres formules pour aider les exportateurs à éviter les écueils d'ordres administratif, réglementaire et tarifaire.

En outre, les pays africains ont un potentiel de croissance des exportations très considérable. Un accroissement même modeste de leurs parts de marchés mondiaux représenterait une énorme croissance. L'avenir est bien entendu aux exportations non traditionnelles, mais les exportations traditionnelles doivent toujours faire partie d'une stratégie d'ouverture sur l'extérieur. Une bonne politique de bons d'investissement en infrastructures ainsi que de recherche et de vulgarisation peut aider les producteurs africains à améliorer leur productivité et à supplanter ceux dont les coûts de production sont plus élevés (comme l'ont fait l'Indonésie et la Malaisie).

g) La rationalisation des barrières aux importations

Les pays africains ont avancé sur la voie de la libéralisation des importations, mais la plupart n'en sont encore qu'à mi-parcours. Ils doivent continuer à lever les barrières non tarifaires dans l'intérêt de la rationalisation du régime commercial et de la transparence. L'effort devrait porter non pas sur un réglage de précision des niveaux tarifaires, mais sur l'établissement d'un calendrier réaliste de substitution des droits de douane aux barrières non tarifaires.

De même, il faudrait simplifier la structure tarifaire, ramener les taux les plus élevés à des niveaux plus modérés et instaurer une taxe minimale pour les exportateurs ayant accès aux importations en franchise. Souvent, ces réformes peuvent générer suffisamment de recettes pour compenser un abaissement relativement important de l'ensemble des droits, tout en contribuant à la création d'un environnement plus compétitif et à la réalisation de gains de productivité. Ceci étant dit, il ne faudrait pas sacrifier les recettes budgétaires à la recherche d'une structure tarifaire minimale parfaitement uniforme.

B. Mesures de politique monétaire

Comme nous l'avons annoncé dans l'introduction de cette conclusion générale, les voies de bonne gouvernance monétaire portent sur (**a**) l'intensification de la libéralisation financière, (**b**) les taux d'intérêt, (**c**) les taux de change et (**d**) le seigneuriage monétaire.

a) Engager les réformes financières avec prudence

Dans l'ensemble, la démarche déjà enclenchée pour développer le secteur financier est acceptable, mais il faut que les pays africains continuent d'appliquer une stratégie en trois volets : réduire la répression financière, rétablir la solvabilité des banques et améliorer l'infrastructure financière. Les programmes de réformes financières se sont souvent hâtés d'assainir les bilans et de recapitaliser les banques dans un environnement pauvre en institutions et où les principaux emprunteurs (l'Etat et les entreprises publiques) étaient financièrement en défaut de paiement.

On est souvent parti du principe que l'on pouvait améliorer les résultats des banques simplement en retirant de leurs bilans les créances douteuses, en nommant de nouveaux directeurs et en y injectant de nouveaux capitaux pour porter leurs capitaux propres à des niveaux conformes aux normes internationales. Ces mesures se sont toujours révélées insuffisantes pour plusieurs raisons : (1) elles n'ont pas été accompagnées des changements macroéconomiques et structurels nécessaires, (2) les nouveaux directeurs de banques ont continué à être exposés à des ingérences politiques, et (3) les moyens de réglementation et de supervision sont restés insuffisants.

Il serait plus prudent, pour rétablir la solvabilité des banques, de réduire les effectifs des banques publiques, de les privatiser dans la mesure du possible et d'encourager l'entrée de nouvelles banques sur le marché. La plupart des pays africains ne disposant pas de moyens nécessaires pour réglementer et superviser l'activité financière, il s'agirait donc de concevoir un système financier qui offre une protection supplémentaire contre le risque : (1) en fixant des ratios de fonds propres supérieurs à la normale, (2) en faisant davantage appel aux banques étrangères, (3) en contrôlant l'entrée des banques dotées d'une assise financière apparemment douteuse.

b) Actions sur les taux d'intérêt réels

Des taux d'intérêt réels élevés sont généralement le signe d'un resserrement de la politique monétaire ou de la politique de crédit destinée à tempérer l'activité économique. Par contre, les taux d'intérêt réels bas dénotent en général une politique d'expansion monétaire. Les taux fortement négatifs indiquent que l'inflation est trop forte et que les déposants sont lourdement imposés, ce qui décourage l'épargne intérieure. Des taux fortement positifs seraient le signe d'une trop grande austérité monétaire et d'une demande de crédit excédentaire. Les taux fortement positifs sont plus risqués pour l'équilibre financier des banques car, pour rester rentables, celles-ci sont obligées de prêter à des taux très élevés, ce qui les conduit à prendre plus de risques que ne le commandent les règles de prudence financière.

Cependant, les taux d'intérêt ne sont pas un bon indicateur de la politique monétaire dans les pays de l'ASS où persiste encore une forte répression financière, car ils ne sont pas déterminés par le marché, mais par l'Etat. La libéralisation financière a bien entendu permis de relever les taux qui sont restés, dans la plupart des Etats, fortement négatifs (**graphique 4**).

Exceptionnellement, les pays en union monétaire (Zone franc CFA : taux de change fixe) avaient jusqu'en 1994 des taux réels élevés (supérieurs à 3 %), ce qui était la conséquence du resserrement de la politique monétaire nécessaire pour soutenir le taux de change fixe et éviter la fuite des capitaux.

c) Actions sur les taux de change

L'existence de marchés parallèles, dans les pays à taux de change flexibles, témoigne de la surévaluation du taux de change effectif réel. Parmi toutes les régions en développement, c'est l'Afrique qui accuse les plus importantes primes de change du marché parallèle, et celles-ci subsistent encore ou continuent d'augmenter dans certains pays. Or, l'existence du marché parallèle réduit le volume de l'activité formelle. C'est pourquoi les pays africains, surtout à systèmes de change semi-fixes, devraient dévaluer leurs monnaies domestiques, afin de ne pas pénaliser la compétitivité des produits locaux exportables.

d) Actions sur le seigneuriage monétaire

Par l'intermédiaire des banques centrales, les Etats tirent des recettes de leur droit exclusif de battre la monnaie. Ces recettes exprimées en pourcentage du PIB constituent ce que l'on appelle le *seigneuriage monétaire*. Cet indicateur montre en particulier à quel degré la banque centrale fait marcher la planche à billets pour financer le déficit budgétaire : plus le seigneuriage est élevé, plus les ressources procurées par l'émission de monnaie sont importantes et plus la politique monétaire est inflationniste. Néanmoins, le seigneuriage n'est pas inflationniste s'il répond à un accroissement de la demande de monnaie, s'il a un caractère transitoire et si l'accroissement de la masse monétaire se répercute sur les prix avec retard.

En ce qui concerne les pays de l'ASS, si le seigneuriage monétaire est relativement compatible avec la crédibilité des politiques dans les pays de la Zone franc, il est trop élevé dans ceux où la politique monétaire est subordonnée aux problèmes de déficits nationaux. Ainsi, à court terme, il faudrait que tous les pays, à l'instar de ceux de la Zone franc, parviennent à un certain niveau d'indépendance de leurs banques centrales, en vue de donner à leur monnaie un minimum de stabilité. A long terme, la meilleure solution serait l'intégration régionale voire africaine au travers de politiques internationales bien appropriées.

C. Le rôle souhaitable de l'Etat dans les économies africaines

Toutes ces propositions de réformes ne visent pas à supprimer complètement le rôle de l'Etat, mais à instaurer une économie mixte : la politique économique est un compromis institutionnalisé qui ne peut correspondre à un idéal, qu'il soit libéral ou interventionniste. Les sociétés africaines sont caractérisées par les chevauchements des positions de pouvoir et d'enrichissement, la fluidité entre les espaces publics et privés, ce qui oblige à remettre en question l'opposition Etat/marché ou public/privé.

Ainsi par exemple, selon Hugon (2003), aux Comores, quatre familles impliquées dans l'Etat contrôlent les importations et les exportations ; en Afrique de l'Ouest, ce sont les Libanais ; en Afrique Orientale et dans l'océan Indien, les Indiens jouent un rôle de financiers de l'Etat, en contrepartie d'avantages divers offerts par les responsables politiques. Au Burundi et au Rwanda, les licences d'importations sont données aux opérateurs directement en liaison avec l'autorité politique. Dès lors, la privatisation et la libéralisation transforment généralement les rentes liées au contrôle étatique en rentes de monopoles privés.

Les lois du marché ne peuvent fonctionner sans « garde-fou » et sans organisation pour plusieurs raisons : les prix mondiaux ne sont pas d'équilibre, la vérité des prix conduit à la disparition d'une partie de l'appareil productif. Il faut des mécanismes de stabilisation capables de faire le lissage des fluctuations.

En revanche, l'économie administrée est source de rentes et d'absence d'innovations. Elle ne peut intégrer la flexibilité nécessaire à l'ajustement au marché international et aux évolutions technologiques. Par exemple, l'expérience enseigne **(1)** qu'une forte taxation de l'agriculture pénalise la croissance, **(2)** qu'un protectionnisme élevé crée des rentes et (**3**) que les distorsions du marché exercent des effets négatifs sur l'allocation des ressources.

Ainsi, l'ouverture maîtrisée et la concurrence réglementée sont nécessaires pour stimuler l'investissement et les progrès de productivité. Il s'agit alors de réguler le marché et de mettre en place une économie mixte où l'Etat crée un cadre stratégique et favorise une dynamique privée entrepreneuriale.

Il y a moyen de se servir de l'exemple du modèle asiatique, qui repose sur (**1**) un secteur exportateur subventionné, (**2**) une industrie destinée au marché intérieur protégé, (**3**) une grande flexibilité du système productif et (**4**) une libéralisation interne permettant la constitution d'un vrai marché sous l'impulsion d'un Etat fort.

Le marché se construit et s'organise, les entreprises efficientes ont besoin de relations stabilisées, les transitions institutionnelles sont nécessaires. La politique d'incitation suppose l'adoption de comportements nouveaux par apprentissage individuel et collectif [Quiers et Valette (1994)]. Plus précisément, les séquences optimales de réformes supposent : (**1**) la stabilisation économique, (**2**) la libéralisation du secteur réel national, (**3**) la libéralisation financière, (**4**) la libéralisation du commerce extérieur et des mouvements de capitaux. Les réformes doivent concilier le temps des apprentissages nécessaires et la nécessité de casser les rentes politiques par des réformes radicales.

La protection des industries naissantes et la bonification des taux d'intérêt peuvent produire des effets positifs sans décourager les exportations et l'entrée de capitaux étrangers. La reprise des investissements à risque, le rapatriement des capitaux et l'allongement des horizons des agents supposent un cadre institutionnel sécurisant, ainsi que des régimes politiques stables et légitimes.

L'Etat de droit, par opposition aux régimes d'exception, doit s'accompagner d'un assouplissement de la réglementation et d'un cadre juridique approprié. Les agents économiques ont besoin de règles stables : (**1**) droit foncier permettant l'intensification des cultures et incitant à une bonne gestion des ressources non renouvelables, (**2**) droit social permettant une égalité de chances des agents, (**3**) respect des règles commerciales et des règles de douane pour éviter la concurrence déloyale. Les droits coutumiers doivent être interprétés avec jurisprudence et en fonction des situations, en abolissant les composantes négatives qui annihilent les initiatives privées [Lebris *et alii* (1982)].

D. Proposition de politique internationale

Aux niveaux régional et africain, nous confirmons l'une des stratégies de l'Unité Africaine qui repose sur la création préalable d'unions monétaires dans les cinq Communautés Economiques Régionales existantes à savoir l'Union Monétaire Arabe (UMA), le COMESA, la CEEAC, la CEDEAO et la SADC. Ces Unions Monétaires constitueraient une étape intermédiaire vers la mise en place d'une Banque Centrale et d'une Monnaie Africaine. Quant à la faisabilité du projet, les travaux empiriques suggèrent que les contraintes majeures sont moins les chocs d'offre ou de demande que les différences entre les pays africains en matière de dépenses publiques.

La solution à cet obstacle devient alors le recours à une politique budgétaire commune, d'abord régionale et ensuite africaine. En termes d'organisation institutionnelle, cela passe par la mise en place d'un Trésor fédéral qui permettrait à l'Afrique, non seulement de gagner ses objectifs de discipline et de crédibilité monétaire, mais aussi de se doter d'infrastructures de dimension africaine comme les chemins de fer et autres réseaux routiers, les moyens de transport aérien, etc. De même, le Trésor fédéral aurait aussi pour mission d'équilibrer les structures productives africaines, notamment en donnant plus de priorité aux pays les plus démunis.

Toutefois, nous devons préciser ici que ces politiques internationales ne sont réalisables qu'à moyen ou long terme. Si l'on analyse les problèmes de fonctionnement des organisations régionales citées ci-dessus, on peut s'imaginer à quel point l'intégration monétaire régionale et surtout africaine serait réalisable. En s'inspirant du modèle européen, il a fallu plusieurs décennies pour que les pays en question arrivent à une monnaie unique.

Pour l'Afrique, l'expérience de la Zone franc est satisfaisante. Il faut seulement une longue préparation des esprits pour que tout le monde comprenne les avantages associés à la discipline ou à la crédibilité conférée à une Monnaie Unique Africaine.

Enfin, tout au long de ce travail, nous avons développé les analyses de performance des politiques budgétaire et monétaire en ASS, et avons présenté les possibilités d'une combinaison efficiente des divers instruments, en tenant compte de l'ouverture des économies nationales au commerce international.

Cependant, nous ne prétendons pas avoir épuisé les pistes d'analyse et de solutions à proposer. Mais cette contribution ouvre les portes à d'autres travaux, spécialisés notamment sur les contraintes institutionnelles, politiques ou anthropologiques qui pourraient entraver l'intégration économique et monétaire africaine.

Références bibliographiques

Abraham-Frois. G (1989) : *Keynes et la Macroéconomie contemporaine*, Economica , Paris.

Acemoglu D., Pischke J. S. (1999) : " Beyond Becker : Training in Imperfect Labour Markets ", *Economic Journal*, Vol. 112, pp. 112-142.

Addison T., Ndikumana L. (2001) : "Overcoming the Fiscal Crisis of the African State", *World Institute of development economic Research*, Discussion Paper 2001/12.

Ajayi, S.I. (1974): "An Econometric Case Study of Relative Importance of Monetary and Fiscal Policy in Nigeria", *Bangladesh Economic Review*, 11 (2).

Alesina A., Perotti R. (1995) : "The Political Economie of Budget Deficits", *IMF Staff Papers*, vol. 42, pp. 1-31.

Amable B., Guellec D. (1992) : "Les Théories de la Croissance Endogène" , *Revue d'Economie Politique*, 102 (3), Mai-Juin, pp. 314-327.

Amin S. (1976) *: Impérialisme et Sous-Développement en Afrique*, Anthropos, Paris.

Andersen L.C., Carlson K. (1970): "A Monetarist Model of Economic Stabilisation", *Federal Reserve Bank of Saint Louis Review*, 52, pp. 7-20.

Andersen L.C., Jordan J.L. (1968): "Monetary and Fiscal Actions : A Test of their Relative Importance on Economic Stabilisation", *Federal Reserve Bank of Saint Louis Review*, 50, pp. 11-24.

Ando A., Modigliani F. (1976): *Impacts of fiscal Actions on Aggregate Income and Monetarist Controversy: Theory and Evidence* , Amsterdam D, Holland.

Artis M.J., Nobay A.R., (1972): "The Attempts to reinstate Money", in Johnson H.G. and Associate (Ed) :*Readings in British Monetary Economics*, Oxford, Clarendon Press, 1972, pp 67-89.

Banque Mondiale (1991) : *Rapport sur le Développement dans le Monde* , Washington.

Aschauer D. A. (1989): "Is Public Expenditure Productive?", *Journal of Monetary Economics*, n°23, pp. 177-200.

Azam A., Berthélémy J.C., et Calipel C., (1996), "Risque politique et croissance en Afrique", *Revue Economique,* 47, p. 819-829.

Azariadis C., Drazen A. (1990): "Threshold Externalities in Economic development", *Quarterly Journal of Economics*, 105 (2), Mai, pp.501-526.

Banaian K., Leroy O., Laney Q.L., Willer T. D. (1986): "Central Bank Independence: An International Comparison", in Toma E. F. & Toma M. (eds): "Central Bankers, Bureaucratic, Incentives and Monetary Policy", *Federal Reserve Bank of Dallas.*

Bandiera O., Capio G., Honohan P., Schiantallerelli F. (2000): "Does Financial Reform Raise or Reduce Savings?", *Review of Economics and Statistics*, 82(2), pp. 239-263.

Banque Mondiale (1988a): *Rapport sur le Développement dans le Monde*, Washington D.C.

Banque Mondiale (1988b): "Adjustment Lending : An Evaluation of Ten years of Banque Mondiale (1989): *Rapport annuel*, Washington D.C. Banque Mondiale (1990a): *Report on Adjustment Lending II : Policies for the Recovery of Growth*, Washington D.C.

Banque Mondiale (1992) : *Initiative pour le Renforcement des Capacités en Afrique*, Washington.

Banque Mondiale (1993) : *Rapport sur le Développement dans le Monde*, Washington.

Banque Mondiale (1994) : *L'Ajustement en Afrique : Réformes, Résultats et Chemin à parcourir* , Rapport, Washington DC.

Banque mondiale (1994) : *Rapport sur les Politiques de développement*, Washington.

Banque Mondiale et PNUD (1989): *Africa's Adjustment and Growth in the 1980's*, Washington DC.

Barro R. (1974): "Are Government Bonds net Wealth ?", *Journal of Political Economy*, November-December.

Barro R. (1992): "Human Capital and Economic Growth", *Federal Reserve Bank of Kansas City*, pp. 199-216.

Barro R., Gordon D. (1983): "Rules, discretion and reputation in a model of monetary Policy", *Journal of Monetary Economics* ,vol. 12, pp. 101-121.

Barro R.J. (1991): "Economic Growth in a Cross Section of Countries", *Quarterly Journal of Economics,*vol.45, pp. 125-141.

Barro R.J. (1991): "Economic Growth in Cross-Section of Countries", *Quarterly Journal of Economics*, 106(2), pp. 407-443.

Bates R. H. (1981): *Markets and States in Tropical Africa: The Political Basis of Agricultural Policies*, Berkeley, California.
Bathia R.J. (1985): "The West African monetary Union Analytical Review", *IMF*, Occasional Papers, 35, New York.
Becker G. (1964): "Human Capital ", *Columbia University Press*, NBER, New York.
Becker G.S., Murphy K. M., Tamura R. (1990): "Human Capital, fertility and Economic Growth", *Journal of Political Economy*, 98(2), October, pp.. 12-37.
Bennedsen M. (1996): "State Ownership Versus Private Ownership under Incomplete Taxation", Harvard, mimeo.
Benoît J. P. V. (1985): " Taux d'intérêt administrés et Taux d'intérêt du marché ", in Kessler D., Ullmo P.A. (eds) : *Epargne et Développement*, Economica, Paris.
Berg E. (2001): *Développement Accéléré au Sud du Sahara* , Banque Mondiale, Washington D.C.
Bernanke B. S., Blinder A.S. (1988): "Credit, Money and Aggregate Demand", *American Economic Review*, Papers and Proceedings, 78, 435-439.
Bernanke B.S, Getler M. (1990): "Financial Fragility and Economic Performance", *Quarterly Journal of Economics*, Vol. 105, pp. 87-114.
Bernheim D. (1989): " A Neoclassic Perspective on Budget Deficit ", *Journal of Economic Perspectives*.
Blanchard J.O., Chouraqui J.C., Hageman R., Sartor N. (1990) : « La Soutenabilité de la Politique Budgétaire : Nouvelles Réponses à une Question Ancienne », *Revue Economique de l'OCDE*, n°15, pp.7-38.
Blinder A. (1982): "Issues in the Coordination of monetary and Fiscal Policy", in *Monetary Policy Issues in the 80's*, Federal Reserve Bank of Kansas City, pp. 3-46.
Blinder A. (1982): "Issues in Coordination of Monetary and Fiscal Policy", in *Monetary Policy Issues in the 80's*, "Federal Reserve Bank of Kansas City", pp.3-46.
Blinder A., Solow T. (1973): "Does Fiscal Policy matter ?", *Journal of Political Economy*, vol. 81, n°6.
Boskin M. (1988): " Consumption, Saving, and Fiscal Policy ", *American Economic Review*, May, pp. 126-153.

Bowles P., Whites G. (1993): *The Political Economy in China's Financial Reforms: Finance and Late Development*, Boulder, San Francisco, Oxford.
Boyce J.K. (1992): "The revolving door? External Debt and capital flight: a Philippine case Study", *World Devlopment*, vol. 20, n°3, p. 335-349.
Brady D.S., Friedman M. (1947): "Savings and the Income Distribution", *Studies in Income and Wealth*, 9, NBER, New York.
Brown T.M. (1952): "Habit persistence and lags in consumer behaviour", *Econometrica*, 20, pp. 355-371.
Buiter W. , Tobin J. (1976): "Long Run Effects of Fiscal and Monetary Policy on Aggregate Demand", in: J. Stein (ed), *Monetarism*, North Holland, 1976, pp. 273-309.
Buiter W. (1990): "Principles of Budgetary and Financial Policy", *Harvester Wheatsheaf*, vol.5, pp. 123-175.
Burkett P., Dutt A. (1991): "Interest Rate Policy, Effective Demand and Growth in LDC's ", *International Review of Applied Economics*, vol. 5, n°2.
Bynoe A.J. (1994): "Monetary and Fiscal Influences on Economic Activity in African Countries", *African Review of Money, Finance and Banking*, 1, pp. 97-105.
Calvo G., Vegh C. (1999) : « Inflation Stabilisation and Balance of Payments Crisis in Developing Countries », *Handbook in Macroeconomics*, vol. 1C, pp. 1531.
Cantor R., Packer F. (1996) : "La notation du risque souverain ", *Problèmes Economiques,* Janvier.
Carneiro P., Heckman J. (2002): "The Evidence of Credit Constraint in Post Secondary Scooling ", *IZA Working Paper*.
Chang C., Wang Y. (1996): " Human Capital Investment Under Asymmetric Information: The Pigovian Conjecture Revisited ", *Journal of Labour Economics*, Vol. 14, pp. 505-519.
Chew D. (1990): " International Adjustment to Falling Civil Service Salaries: Insights from Uganda", *World Development*, vol. 18, n°7, p. 402, Washington.
Child F.C. (1976): "Capital Market in Less Developed Countries: The Group Principle", in Mc Kinnon R.I. (eds): *Money and Finance in Economic Growth*, New York.

Chouchane V. A. (2001): *Libéralisation Financière et Croissance Economique : Le Cas de l'Afrique subsaharienne*, L'Harmattan, Paris.
Choudhury A.R. (1988): "Monetary Policy, fiscal Policy and Aggregate Activity : Some Further Evidence", *Applied Economics*, 20, pp 63-71.
Combes J.L., Veyrune R. (2004) : « Effet de Discipline et Effet de Crédibilité de l'Ancrage Nominal », *Revue d'Economie Financière*, vol.75, pp. 55-69.
Cooper R.N. (1969): " The Assignment Problem", in Mundell et Swoboda (eds), *Monetary Problems of International Economy*, University of Chicago.
Cornia G. A. (1992): "Adjustment Conductive to Long-Term Development? The Case of Africa in the 1980's", in *From the debt Crisis to Sustainable Development*, London, UNICEF.
Cornia G.A., Jolly R., Stewart F. (1987): *Adjustment with Human Face: Protecting the Vulnerable and Promoting Growth*, vol. 1, Oxford, UNICEF.
Cukierman A. (1992): *Central Bank Strategy, Credibility and Independence*, MIT.
Cukierman A., Webb S., Neyapti B. (1992) : " Measuring the Independence of Central Bank and its Effects on Policy Outcomes", *The World Bank Economic Review*, vol.6, n°3.
Dallas S.B. ,Haffer R.W. (1983) : "The Relative Impact of Monetary and fiscal Actions on Economic Activities: A Cross Country comparison", *Federal Reserve Bank of Saint Louis Review*, 65, pp. 5-12.
De Leew F., Gramlich M. (1967): "The Channels of Monetary Policy", *Federal Reserve Bank of Saint Louis Review.*
Debrun X., Masson P., Pattillo C. (2002): " Monetary Union West Africa: Who might gain, Who might lose, and Why? ", *International Monetary Fund Working Paper*, WP/ 02/226.
Dedehouanou T.M. (1984) : *Approche Monétaire de la Détermination du Revenu et de la Balance des Paiements dans les Etats de l'UEMOA*, Thèse à l'Université d'Orléans.
Demetriade, Devereux (1992): *Investment and Financial Repression: Theory and Evidence from 63 LDC's*, Working Paper 92-116, Keele University.

Desquibet J.B. (1997), " Quel Contrat pour la Banque Centrale ? ", *Document de travail du Laboratoire d'Economie d'Orléans*, n°11, 94/4/ , MM.
Desquilbet J.B., Villieu P. (1998) : Le "policy mix" , *Revue d'Economie Financière*, Orléans, n°45.
Dewatripont M., Roland G. (1992): " Economic Reform and Dynamic Political constraints ", *Review of Economic Studies*, 59, pp. 291-300.
Diery S., Yassim E. H. (1993) : "Financial Liberalisation in Africa", *World Development*, vol. 21, n°11, pp. 1867-1881.
Diouf (1998) : « De l'Indépendance des Banques Centrales en Afrique Subsaharienne », in Semedo G. et Villieu P. (Eds), *Mondialisation,Intégration Economique et Financière*, L'Harmattan, Paris, Chap. III, 2ème partie.
Dormont B., (1989) : *Introduction à l'Econométrie des Données de Panel :Théorie et Applications à des Echantillons d'Entreprises* , Centre National de la Recherche Scientifique (CNRS), Paris.
Douglas R. (1990): " The Politics of Successful Structure Reform", *The Wall Street Journal*, 26-27, 6.
Duesenberry J.S (1949): *Income, Saving and the theory of consumer behaviour*, Cambridge, Harvard U-Press.
Dutt A. (1991): "Interest Rate Policy in LDC's: A Post-Keynesian view ", *Journal of Post-Keynesian Economics*, vol. 13, n°2.
Eastearly W., Rodriguez A. C., Schmidt H. (1994): " Public Sector Deficit and Macroeconomic Performance ", *World Bank Publication*, Oxford University Press,*Econometrica*, vol. 5, pp. 1356-1367.
Easterly W. (1992): *Projections of Growth Rates*, Outreach 5, Banque Mondiale, Département de la Recherche, Washington.
Eboué C. (1990) : "Les Effets Macroéconomiques de la Répression Financière dans les Pays en Développement", *Economie Appliquée*, n°4, pp. 93-117.
Eboué C. (1999): "Macroeconomic Policy and Sustainable Financial Intermediation System",*Cluster Meeting of UNDP*, Maputo, Mozambique, novembre.
Eisner R., Hwang S. (1993): " Self Correcting Real Deficits : A New Lesson in Functional Finance ", éditions Elsevier, Amsterdam.

Enrique A., Pereira L. G. S. (1999) : "Measuring Financial Development in Sub-Saharan Africa", *IMF*,WP / 99 / 105, Washington.
Experience, *Policy and Research Series*, n°1, Washington D.C.
Faini R., Melo J., Senhadj-Semlali A., Stanton J. (1989): "Growth-Oriented Adjustment Programmes: A Statistical Analysis", *Development Studies Working Papers*, n°14, Turin and Oxford.
Fatas A., Mihov I. (1996) : "Fiscal Discipline, Volatility and Growth", *World Bank*,WP 1646.
Feinman J. N. , Porter R. D. (1992): "The Continuing Weakness in M2", *Feds Discussion Paper no.209*, Board of the Governors of the Federal Reserve System.
Feldstein M. (1982): " Government Deficits and Agregate Demand ", *Journal of Monetary Economics*, n°9.
Feldstein M., Horioka C. (1980) : "Domestic Saving and International Capital Flows", *Economic Journal,* vol. 90, 1980.
Feldstein M., Stock J. H. (1994) : "The Use of Monetary Aggregate to Target Nominal GDP", *National Bureau of Economic Research Studies*, 29, 7-71.
Fisher I. (1930): *The Theory of Interest*, New York, Macmillan.
FMI (1990a): *World Economic Outlook*, October, Washington D.C.
Forsund F.R., Lovell C.A.K., Schmidt P. (1980), « A Survey of Frontier Production Functions And there Relationships to Efficiency Measurement », *Journal of Econometrics*, 19, n°19, pp. 5-25.
Friedman B. (1992): "Learning from Reagan Deficits ", *American Economic Review*, May, pp. 184-208.
Friedman B. M. (1993a): " Why does the Paper-Bill Spread predict Real Economic Activity ? ", *Business Cycle Indicators and forecasting*, Stock and Watson (eds), 213-249, University of Chicago Press.
Friedman B. M. (1993a): " Another Look at the Evidence on Money Income Causality" , *Journal of Econometrics*, 57, 189-203.
Friedman M. (1957): *A Theory of the Consumption Function*, Princeton U. Press, Princeton.
Friedman M. (1969), " The Optimum Quantity of Money ", *The Optimum Quantity of Money and other Essays*, Chicago, 1-50.
Friedman M. (1984): "The taxes Called Deficits", *The Wall Street*

Journal, traduit dans *Problèmes Economiques* du 27 avril.
Friedman M., Schwartz A. (1963): A *Monetary history of the United States, 1867-1960*, Princeton.
Fry (1978): "Money and Capital or Financial Deepening in Economic Development", *Journal of Money, Banking and Credit*, vol. 10, n°14, pp. 464-475.
Fry M. (1982): "Models of financially Repressed Developing Economies", *World Development*, vol. 10, n°9.
Fry M.J., Goodhart C.A.E., Almeida A. (1996): *Central Banking in Developping Countries: Objectives, Activities and Independence*, Londres, Routledge.
Funke N. (1993): " Timing and Sequencing of Reforms: Competing View and The Role of Credibility ", *Kyklos*, 46(3), pp. 337-362.
Galbis V. (1986): "Financial Sector Liberalisation Under Oligopolistic Conditions and a Bank Holding Company Structure", *Saving and Development*, vol. 10, n°2, pp. 117-141.
Galbraith J.L.K., Darity W. (1995): « A Guide to Deficit »*Challenge*, Juillet/Août 1995.
Gavin M. (1993): " Unemployment and Economics of Gradualist Reform ", *Mimeo*,Columbia.
Gemmel N. (1996): "Evaluating the Impacts of Human Capital Stocks on Accumulation in Economic Growth", *Oxford Bulletin of Economics and Statistics*, 58 (1), pp.8-27.
Géronimi, Hugon (1995I) : " Instabilité des Recettes d'Exportations et Changements de Trajectoires des Economies Africaines ", *L'Afrique des Incertitudes*, p. 21, PUF, Paris.
Ghura Dh., Hadjimichaël M. T. (1996): "Growth in Sub-saharan Africa",*International Monetary Fund Staff Papers*, 43, September, 605-634.
Gordon R. J. (1974): Neoclassical Theory of Keynesian Unemployment», *EconomicEnquiry*, vol. 12, pp. 431-459.
Gore C., Karshenas M. (2002): *Les Pays les moins avancés* , p.2, CNUCED, Genève.
Goux J. F. (2000) : " Existe-t-il vraiment une Relation Cointégrante de Demande de Monnaie M3 en France ? ", *Revue Economique*, pp. 885-911.

Greene J., Villanueva D. (1991): Private Investment in Developing Countries : An Empirical Analysis", *IMF Staff Papers*, vol. 38, n°1, pp. 33-58.
Greenwald B., Stiglitz J.E. (1993): "Financial Market Imperfections and Business Cycles", *Quarterly Journal of Economics*, Vol.108, pp 77-114.
Grossman S., Weiss L. (1983): « A Transactions-Based Model of the Monetary Transmission Mechanism », *American Economic Review*, 73, pp. 871-880.
Guillaumont P. (1984) : *Zone Franc et développement Africain* , Economica, Paris.
Gupta K.L. (1984): "Financial Intermediation, Interest Rate and Structure of Savings : Evidence from Asia", *Journal of Economic Development*, vol. 9, n°11, pp. 7-23.
Gupta L. K., Moazzami B. (1996): *Interest Rate and Budget Deficits :A study of the Advanced Economies*, Routledge.
Haavelmo T. (1945): " Multiplier Effects of Balanced Budget ", *Econometrica*, vol. 13, pp. 311-318.
Haggard S., Maxfield S. (1993a): "The Political Economy of Capital Account Liberalisation", in Fisher et Reisen (eds): *Financial Opening: Policies Issues and Experiences in Developing Countries*, OCDE, Paris.
Haggard S., Maxfield S. (1993b): "Political Explanations of Financial Policy in Developing Countries", in Haggard S., Lee C. H., Maxfield S. (eds): *The Politics of Finance in Developing Countries*, London.
Hall R. E., Mankiw. G., (1994): « Nominal Income Targeting », *National Bureau of Economic Research Studies*, 29, 7-71.
Hamburger W. (1951): *Consumption and Wealth*, PHD, University of Chicago.
Hamilton J.D.,Flavin M.A. (1986): "On the Limitation of Government Borrowing : A Framework for Empirical Testing", *American Economic Review*, vol.76, pp. 808-819.
Handussa H, Nishimizu M., Page J.M. (1986), "Productivity Change in Egyptian Public Sector Industries After The Opening 1973-1979", *Journal of Development Economics*, 20, n°1, pp. 53-73.

Harrod R.F. (1948): *Toward a dynamic Economics*, Macmillan, London. Haudeville B. (1996) : *Econométrie Appliquée*, Editions ESTEM, Paris, pp. 76-78.
Heckman J. (2000): " Policies to foster Human Capital ", *Research in Economics*, 54,pp.3-56.
Helleiner G. K. (1991a): "The IMF, The Worl Bank and Africa's Adjustment and External Debt Problems: An Unofficial View", *Colloque sur l'Ajustement Structurel, Dette extérieure et Croissance en Afrique*, Banques Centrales Africaines et FMI, Gaborone-Botswana, Février.
Hicks J. R. (1937): "Mr. Keynes and the Classics: A Suggested Interpretation", *Journal of Postkeynesian Economics*, vol. 3, pp. 177-198.
Hicks J. R. (1980): "IS-LM: An explanation", *Journal of Post Keynesian Economics*, Vol. l3, pp. 139-154.
Hicks J. R. (1980-81): "IS-LM: An explanation", *Journal of Postkeynesian Economics*, vol. 3, pp. 139-154.
Hines J. (1995): "Forbidden Payments: forein Bribery on American Business", *NBER*, WP. 5266.
Horvath J., Grabowski R. (1997) : "Prospects of African Integration in Light of the Theory of Optimum Currency Areas", *Journal of Economic Integration*, vol. 1, n°12, pp.1- 27.
Hugon P., Géronimi V. (1995) : " Instabilité des recettes d'exportation et changements de Trajectoires des économies africaines" ; *L'Afrique des incertitudes*, pp. 19-20, Paris.
Jaffee D., Russell T. (1976): " Imperfect Information and Credit Rationing ", *Quarterly Journal of Economics*, 90, 651-656.
Jamal V., Weeks J. (1988): "The Vanishing Rural-Urban Gap in Sub-Saharan Africa", *International Labor Review*, vol. 127, n°3.
Jespersen E. (1992): "Chocs Externes, Politiques d'Ajustement, et Réalisations Economiques et Sociales ", *L'Afrique vers la Reprise Economique : de la Stagnation et l'Ajustement au Développement Humain*, Economica, pp. 11-53.
Jondeau E. (1992) : « La Soutenabilité de la Politique Budgétaire », *Economie et Prévisions*, n°104, pp. 1-17.
Juster F. (1975): *Education, Income and Human Behavior* , New York, Mc Graw-Hill.
Kahn M., Haque N., (1985): "Foreign Borrowing and Capital Flight", *IMF Staff Papers*, vol. 32, p606-628.

Kahn M., Kumar M. (1997) : " Public and Private Investment in the Growth Process in Developing Coutries ", *Oxford Bulletin of Economics and Statistics*, v.59.
Kashyap A. K. (1992): " Sticky Prices: New Evidence From Retail Catalogs ", *University of Chicago*, October, Mimeo.
Katz E., Ziderman A. (1990): " Investment in General Training: The Role of Information and Labour Mobility ", *Economic Journal*, Vol. 100, pp. 1147-1158.
Keran M.W. (1970): "Monetary and Fiscal Influences on Economic Activity : the Foreign Experience", *Federal Reserve Bank of Saint Louis Review*, 51, pp. 16-28.
Keynes J. M. (1936) : *Théorie générale de l'emploi, de l'intérêt et de la monnaie* , Editions Payot.
Keynes J.M. (1936): *Théorie Générale de l'emploi, de l'intérêt et de la monnaie*, p.113, traduction française, Payot, Paris.
Killick T. (1992): "Explaining Africa's Post Independence Development Experience", *Working Paper* , WP/60, Foreign Development Institute, London.
King R. G. , Watson M. W. (1992): "Testing Long- Run Neutrality ", *North-Western University*, Manuscript.
Kochin L. (1974) : " Are future Taxes Anticipated by Consumers ? ", *Journal of Money, Credit and Banking*, August, pp. 568-591.
Kormendi R. (1983) : " Government Debt, Government Spending and Private sector Behavior ", *American Economic Review*, December, pp. 210-226.
Kotlikoff L.J & Summers L. (1981): "The Role of Intergenerational Transfers in Aggregate Capital Accumulation", *Journal of Political Economy*, 89, 4, 706-732.
Kruger A. (1974): "The Political Economy of the Rent-Seeking Society", *American Economic Review*, 64(3), 291-303.
Kuznets S. (1946): *National Product since 1869*, NBER, New York.
Kydland F., Prescott E. (1977): " Rules rather than Discretion : The Time Inconsistency of optimal Plans", *Journal of Political Economy*, vol. 85, pp. 473-492.
Lafay J. D. (1993b): " Les apports de la Théorie des Choix Publics à l'Analyse des Problèmes de Développement ", *Revue d'Economie du Développement*, Clermont.

Lavigne A., Villieu P. (1996) : " La politique monétaire : Nouveaux Enjeux et Nouveaux Débats ? ", *Revue d'Economie Politique* , vol. 106, n°4, pp. 492-570.

Lebris E., Leindorfer E., Le Roy E. (1982) : *Enjeux Fonciers en Afrique Noire*, Karthala, Paris.

Lerner A. (1943): "Functional Finance and Federal Debt", *Social Research*, vol. XXVI, April, pp. 253-263.

Levine R. (1997): "Financial Development and Economic Growth: Views and Agenda", *Journal of Economic Literature*, Vol.35, June, pp. 688-726.

Levine R., Renelt D. (1992): "A Sensitivity Analysis of Cross Country Growth Regressions", *American Economic Review*, 82(4), 942-963.

Levine R., Zervos S. (1998): "Stock Markets, Banks, and Economic Growth" *American Economic Review,* 88, p. 537-558.

Lucas R. (1988): "On the Mechanics of Economic Development", *Journal of Monetary Economics*, 22, July, pp. 564-581.

Lucas R.E. (1990): "Liquidity and Interest Rate", *Journal of Economic Theory*, vol. 50, n°2,pp. 237-264.

Madisson A. (1987): " Growth and Slow Down in Advanced Capitalist Economies : Technics of Quantitative Assesment ", *Journal of Economic Literature*, 25 (2), pp. 649-698.

Mahieu F.R. (1995) : "Les stratégies Individuelles face à la Pauvreté : Côte-d'Ivoire Versus Burundi ", *L'Afrique des Incertitudes*, PUF, Paris.

Mankiw G. (1985): "Small Menu Costs and Large Business Cycle : A Macroeconomic Model of Monopoly ", *Quarterly Journal of Economics*, 100,529-538.

Mankiw G., Romer D., Weil D. (1992): "A Contribution to Empirics of Economic Growth", *Quarterly Journal of Economics*, 107, May, 407-437.

Martinelli C., Tommasi A. (1993) : " Sequencing of Economic Reforms in Presence of Political Constraints ", *IRIS Report*, n°100, University of Maryland.

Mauro P. (1998): "Corruption and the Composition of Government Expenditure", *IMF*, Washington D.C.

Mayer T. (1972) : *Permanent Income, Wealth and Consumption : A Critique of the Permanent Income theory, the Life Cycle Hypothesis, and Related theories*, University of California Press.

Mc Kinnon R. (1973): *Money and Capital in Economic Development*, Washington D.C., The Brookings Institution.
McCallum B. T. (1988): " Robustness Properties of a Rule for Monetary Policy", *Carnegie-Rochester Conference Series on Public Policy*, vol. 29, pp. 175-203, Amsterdam, North Holland.
Membé A. (2000) : " Esquisses d'une Démocratie à l'Africaine. Entre Coups d'Etat, Elections Reportées et Mouvements Sociaux ", *Le Monde diplomatique*, Octobre.
Modigliani F. (1977): "The Monetarist Controversy or, Should We Forsake Stabilisation Policies?", *American Economic Review*, 67, 2.
Modigliani F. (1986) : "Cycle de vie, épargne individuelle et richesse des Nations", *Revue Française d'Economie*, volume1, n°2, pp. 16-54.
Modigliani F., Brumberg R. (1953): "Utility Analysis and Aggregate Consumption Function: An attempt at Integration ", dans Abel A.B. (1980): "The collected papers of Franco Modigliani", *The Life Cycle Hypothesis of saving*, volume 2, MIT Press, chap. 4, pp. 128-196.
Modigliani F., Brumberg R. (1954) : "Utility Analysis and Aggregate Consumption function : An interpretation of Cross Section data ", *Keynesian Economics*, Kurihara K.K. Ed, Rutgers University Press, repris dans Abel (1980), chap. 3, pp. 79-126.
Muet P. A. (1995) : " Ajustements macroéconomiques, Stabilisation et Coordination en Union Monétaire ", *Revue d'Economie Politique*, 5, pp. 739 – 777.
Mundell R. (1962): "The appropriate use of Monetary and Fiscal Policy under Fixed Exchange Rates", *IMF Staff Papers*, vol. 9, pp. 70-79.
Mundell R.A. (1963): " Capital Mobility and Stabilization Policy Under Fixed and Flexible Exchange Rates ", *Canadian Journal of Economics*, 29, pp. 475-485.
Ndikumana L.(2000): "Financial Determinants of Domestic Investment in Sub-Saharan Africa: Evidence from Panel Data", *World Development*, vol. 28, p. 381-400.
Ndikumana L., Boyce J.K.(2003): "Public Debts and Private Assets: Explaining Capital flight from Subsaharan African Countries", *World Development*, vol. 31, n°1, p.107-130.

Nonneman W., Vanhoudt P. (1996): "A Further Augmentation of the Solow Model and the Empirics of Economic Growth for OECD Countries", *Quarterly Journal of Economics,* vol. 111 (3), August, 943-953.
Nordhaus W. (1993): "Coordination and Independence in Monetary and Fiscal Policy", *Rivista di politica Economica*, pp. 219-250.
Ohanian L., Stockman A. (1997) : "Short-Run Independence of Monetary Policy Under Pegged Exchange Rates and Effects of Money on Exchange rates and Interest Rates", *Federal Reserve Bank of Cleveland*, pp. 783-814.
Ondo Ossa A. (2002): "La Demande de Monnaie en Zone Franc Africaine", *Laboratoire d'Economie & Cestion*, vol. 3, n°1, pp. 3-31, Libreville.
Orsmond D.W.H. (1992): "The Potency of Monetary and fiscal Policies in Sub-Saharan African Countries: Saint Louis Model Estimates", *African Review of Money, Finance and Banking*, 1, pp. 17-28.
Pagano M. (1993), "Financial Market and Growth: An Overview", *European Economic Review*, 37 (2-3), pp. 613-622.
Peacok A.T., Wiseman (1961): *The Growth of Public Expenditure in the United Kingdom*, Princeton University Press, Princeton.
Pecchinino R. A. , Rasche R. H. (1990) : " P*-type Model : Evaluation and Forecasts ", *National Bureau of Economic Reseach*, Working Paper no.3406, Cambridge, Mass.
Perelman S., Pestieau P. (1995): "The Determinants of the Ricardian Equivalence in the OECD Countries", pp. 147-159.
Pill H., et Pradhan M. (1995): " Financial Indicators and Financial Change in Africa and Asia ", International Monetary Fund,Washington, *Working paper 95/123.*
Poddar A.K., Hunting N.J. (1995): "The Relative Importance of Monetary and fiscal Policies: An Econometric Case Study of Canada", *The Indian Economic Journal*, Vol. 18, pp. 460-474.
Popiel p. (1995): "Financial System in sub-Saharan Africa: A Comparative Study", *World Bank Discussion Papers*, Banque Mondiale, Washington D.C.
Quiers V.S. (1994) : *Les Investissements Directs Etrangers : du Risque à la Certitude Négative*, Pourcet, Paris.

Raffinot M., Venet B. (2003) : *La Balance des Paiements*, Editions La Découverte, Paris.
Rajan R. (1992): "Insiders and Outsiders : The Choice between Relationship and Arm's Length debt", *Journal of Finance*, 47, 1367-1400.
Recquier-Desjardins D. (1995) : "Impact des Instabilités et Gestion du Risque et de l'Incertitude Alimentaire en Afrique Sub-Saharienne ", *L'Afrique des incertitudes*, Presses Universitaires de France, p. 224.
Roe A.R., Suwa N. (1997): "From Direct to Indirect Monetary Control in Sub-Saharan Africa", *Journal of African Economies*, Vol.6, AERC-World Bank, supplement, pp. 212-264.
Rogoff K. (1985 b), " The Optimal Degree of Commitment to an Intermediate Monetary Target", *Quarterly Journal of Economics*, vol. 100, pp.1169-1189.
Roland G. (1991): " The Political Economy of Sequencing Tactics in Transition Period ", in Csaba L. (eds): *Systemic Change and Stabilisation Eastern Europe*, Dartmouth, Aldershot.
Romer P. (1990): "Endogenous Technical Change", *Journal of Political Economy*, vol. 98, October, 71-103.
Rutayisire R. (1991), "An Empirical Analysis of Public Entreprise's Performance in Tanzania's Manufacturing Sector and some Suggestions for Improvement", *Eastern Africa Economic Review*, 7, n°1, pp. 13-30.
Sachs J. (1993) : *Poland's Jump of Market Economy*, Cambridge, MIT Press.
Schadler S., Franek R., Siddarth T., Robinson D. (1993): "Economic Adjustment in Low-Income countries: Experience Under the Inhanced Structural Adjustment Facility", *IMF Occasional Paper*, 106, Washington.
Schmidt K. (1996a): "The Cost and Benefits of Privatization: An Incomplete Contrast Approach", *The Journal of Laws, Economics and Organization*, 12, 1-24.
Schultz Th. (1961): "Investment and Human Capital", *American Economic Review*, vol. 51 (1), Mars, pp. 1-17.
Seater J., Mariano R. (1985): " New Test of the Life Cycle and the Tax Discounting Hypothesis ", *Journal of Monetary Economics*,vol. 34, 143-179.

Selowsky et Van Der Tak (1986) : "The Debt Problem and Growth", *World development*, vol. 14, n°9.
Semedo G. (1992) : *Difficultés de paiements, Ajustement Structurel et appartenance à une Zone Monétaire. Cas de l'Union Monétaire Ouest-Africaine*, Thèse de doctorat, Université de Tours.
Semedo G. (1998) : " Intégration Monétaire et Financière en Afrique Subsaharienne : quelles Perspectives ? ", *Rapport Moral sur l'Argent dans le Monde*, éd. Monchrétien, Paris.
Semedo G. (2004) : " Economie Politique des Questions africaines ", *L'Afrique en Question*, Ellipses, pp. 44-91.
Semedo G. (2004), " Economie Politique des questions africaines" in A.M.Frerot (éd.), *L'Afrique en question*, Ellipses, p. 43-91.
Semedo G., Villieu P. (1997) : *La Zone Franc: Mécanismes et Perspectives Macroéconomiques*, Ed. Ellipses, Agence de Coopération Culturelle et Technique Francophone, Paris.
Sen A. (1982) : *Poverty and Famine*, Oxford University Press.
Serre J.M. (1988) : " Situation et Politique Monétaire ", *in* Guillaumont éds, *Stratégies de Développement comparées*, chap. 7, 233-270.
Sevestre P. (2002) : *Econométrie des données de panel*, Dunod, Paris.
Shapiro C. & Willig R. (1990): "Economic Rationales for the Scope of Privatization", *The political Economy of Public Sector Reform and Privatization*, p. 55-87, Boulder, Colorado, Westview Press.
Shapiro M. D. (1988): " The Cyclical Behaviour of Price-Cost margins : Demand Elasticity and Marginal Cost", *Yale University*, January, Mimeo.
Sharpe S. (1990): "Asymetric Information, Bank Lending and Implicit Contracts : A Stylized Model of Consumer Relationships", *Journal of Finance*, 45, 1069-1087.
Shaw E. (1973): *Financial Deepening in Economic Development*, New York, Oxford University Press.
Shleifer A. & Shleifer R. (1995): "Corruption", *Quarterly Journal of Economics*, CIX, pp. 599-617.
Shleifer A. & Vishny R. (1994): "Politicians and firms", *Quarterly Journal of Economics*, 109, pp. 995-1025.
Shleifer A., Vishny R. (1993): "Corruption", *Quarterly Journal of Economics*, pp. 599-617.

Shleifer A., Vishny R., Lopez F., La Porta R. (1998): "The Quality of Governments", *NBER*, Working Paper, n°6727.
Simons H.C. (1936): *Economic Policy for a Free Society*, Chicago Press.
Sims C. A. (1980): "Macroeconomics and Reality", *Econometrica*, 48, 1-48.
Sims C. A. (1986): "Are forecasting Models Usable for Policy Analysis ?", *Quarterly Review of Federal Reserve Bank of Minneapolis*, Winter, pp. 2-16.
Stewart F. (1992): "Une politique à court terme pour le développement à long terme", in *L'Afrique vers la Reprise Economique : de la Stagnation et l'Ajustement au Développement Humain*, Economica, p. 373.
Stiglitz J., Weiss A. (1981): "Credit Rationing in Markets with Imperfect Information", *American Economic Review*, pp. 393-410.
Stiglitz J., Weiss A. (1981): "Credit Rationing in Markets with Imperfect Information", *American Economic Review*, 71(2), pp. 393-410.
Svensson L. (1997): "Optimal Inflation Target, Conservative Central Banks and Linear Inflation Contrasts », *American Economic Review*, vol. 87, n°1, pp. 98-114.
Taylor J. B. (1985): "What would Nominal GNP Targeting do to the Business Cycle ?", *Carnegie-Rochester Conference Series on Public Policy*, vol. 22, pp. 61-84, Amsterdam, North Holland.
Taylor L. (1983): *Stucturalist Macroeconomics: Applicable Models for the Third World*, Basic Books, New York.
Thornton R., Thompson P. (2001): " Learning From Experience and Learning From Others ", *American Economic Review*, Vol. 91., pp.1350-1368.
Thygessen N. (1993) : " Pourquoi la banque centrale doit être indépendante ? ", *Observations et Diagnostics Economiques*, vol.43, pp. 100-102.
Timbergen J. (1952): *On the theory of economic policy*, North Holland, Amsterdam.
Tinguiri K. (1991): "Structural Adjustment, Growth and Human Welfare : The Case of Niger, 1982-1989", *Economic Policy Series*, n°14.
Tobin J. (1982): "Money and Finance in the Macroeconomic Process", *Journal of Money, Credit and Banking*, vol. 14, pp. 171-204.

Tobin J., Brainard W. (1963): "Financial Intermediaries and the Effectiveness of Monetary Control", *American Economic Review*, 53, pp.383-400.

Toulabor C. (2003) : "De la manipulation des identités ethniques: Au Togo, le Dinosaure et le Syndrome Ivoirien", *Le Monde diplomatique*, Mars.

Ubogi R.E. (1985): "Potency Monetary and Fiscal Policy Intruments on Economic Activity in African Countries", *Saving and Development*, 9(4), pp. 441-457.

UNECA (1989a): *Africa's Adjustment and Growth in the 1980s: Statistics and Policies*, Addis Abeba, Ethiopie.

UNECA (1989b) : "African Alternative Framwork to Structural Adjustment Programs for Socio-Economic Recovery and Transformation", *E/ECA/CM.16/6/Rev.3*, Addis Abeba, Ethiopie.

Van Der Ploeg F. (1991): " Budgetary Aspects of Economics and Monetary Integration in Europe ", *CEPR Discussion Paper*, n°492.

Vermersch S. (2002): "Altruisme individuel et solidarité Internationale" , *Ajustement et Technologie en Afrique*, pp. 93-99, Editions Publisud, Paris.

Villieu P. (2001) : " Franco Modigliani et l'hypothèse du cycle de vie", *Laboratoire d'Economie d'Orléans*, Septembre, p.5.

Walace L. (2004): "Les Ambitions de l'Afrique", *Finances et Développement*, p. 1, Décembre, Washington D.C.

Wallace N. (1981): "A Modigliani-Miller Theorem for Open Market Operations", *American Economic Review*, vol.71, pp. 150-167.

Waller C. (1995): "Performance contracts for Central Bankers", *Federal Reserve Bank of St Louis Review*, pp.3-14.

Waller C.J. (1992): "The choice of Conservative Central Banker in a Multisector Economy", *American Economic Review*, 82, 4, pp.1006-1012.

Walsh C. (1995): "Optimal Contrasts of Central Bankers", *American Economic Review*, vol. 85, n°1, pp.150-167.

Wijnbergen S. (1985): "Macroeconomic Effects of Changes in Bank Interest Rates: Simulations Results fir South Korea", *Journal of Development Economics*, Vol. 18, pp 541-554.

Wilcox D. (1989): "The Sustainability of Government Deficits : Implications of Present Value Borrowing Constraint", *Journal of Money, Credit and Banking*, vol.21, pp. 291-306.

Willett T. (1998) : “Credibility and Discipline Effects of Exchange Rate as Nominal Anchors: The Need to Distinguish Temporary from Permanent Pegs”, *World Economy*, vol. 21, n°6.
Williamson (1985): “The Economic Institutions of Capitalism”, *The Free Press* , New York.
Winjbergen S. (1983): “Credit Policy, Inflation and Growth in Financial Repressed Economies”, *Journal of Development Economics*, vol. 13, n°1, pp. 45-65.
Wyplosz C. (1990) : " Les Implications Budgétaires de l’Union Monétaire", *Revue de l’OCDE*, octobre.
Yiman A. (1990): *Social Development in Africa 1950-1985*, Aldershot-Averbury.

Annexes

1. Sigles et abréviations

1. ASS : Afrique subsaharienne
2. BCEAO : Banque Centrale des Etats de l'Afrique de l'Ouest
3. BEAC : Banque des Etats de l'Afrique Centrale
4. BM: Banque Mondiale
5. Burkina F : Burkina Faso
6. c : consommation des ménages en logarithme
7. C : consommation des ménages en niveau
8. C. Ivoire : Côte-d'Ivoire
9. CNUCED: Conférence des Nations Unies pour le Commerce et le Développement
10. CT : Court terme
11. d : déficit public en logarithme
12. D : déficit public en niveau
13. e : terme d'erreur
14. f : Volume de crédit en logarithme
15. g : taux de croissance du PIB
16. h : importations en logarithme
17. H : importations en valeur
18. IMF : International Money Fund
19. k_i: effet spécifique au pays i
20. l : travail en logarithme
21. L : travail en niveau
22. LT : Long terme
23. m : Masse monétaire fiduciaire (M1) en logarithme
24. M1: masse monétaire fiduciaire (en niveau)
25. M2 : Monnaie scripturale
26. MIT/FRB : Massachusetts Institute of Technology and Federal Reserve Bank.

27. Mozamb. : Mozambique
28. n : capital privé en logarithme
29. N : capital privé en niveau
30. NEPAD : New Partnership for Africa's Development
31. p : niveau des prix en logarithme
32. P : niveau général des prix en niveau
33. PAS : Programme d'ajustement structurel
34. PIB : produit intérieur brut
35. PME: Petites et moyennes entreprises
36. PNUD: Programme des Nations Unies pour le Développement
37 PVD : Pays en voie de développement
38. q : rapport Q/Y
39. Q: dette publique brute
40. r = taux d'intérêt réel = taux d'intérêt nominal moins taux d'inflatior
41. RDC : République Démocratique du Congo
42. RDM : Revenu reçu du Reste du Monde
43. RVM : Revenu versé au Reste du Monde
44. S : épargne
45. S.Leone : Sierra Leone
46. Swazil : Swaziland
47. u : variable muette
48. UNECA : Union Nations Economic Commission for Africa
49. v_{it} : erreur non spécifique au pays i
50. w : capital public en logarithme
51. W : capital public en niveau
52. WP: Working paper
53. x : exportations en logarithmes
54. X : exportations en valeur
55. y : revenu national ou produit national en logarithme

56. Y : revenu national ou production
national en niveau
57. ρ : taux d'investissement
en logarithme
58. Ω: indicateur autre que
de politique budgétaire ou monétaire
59. π^a : taux d'inflation anticipée

2. Liste des graphiques

3. Liste des tableaux

Table des matières

L'HARMATTAN, ITALIA
Via Degli Artisti 15 ; 10124 Torino

L'HARMATTAN HONGRIE
Könyvesbolt ; Kossuth L. u. 14-16
1053 Budapest

L'HARMATTAN BURKINA FASO
Rue 15.167 Route du Pô Patte d'oie
12 BP 226 Ouagadougou 12
(00226) 76 59 79 86

ESPACE L'HARMATTAN KINSHASA
Faculté des Sciences Sociales,
Politiques et Administratives
BP243, KIN XI ; Université de Kinshasa

L'HARMATTAN GUINEE
Almamya Rue KA 028 en face du restaurant le cèdre
OKB agency BP 3470 Conakry
(00224) 60 20 85 08
harmattanguinee@yahoo.fr

L'HARMATTAN COTE D'IVOIRE
M. Etien N'dah Ahmon
Résidence Karl / cité des arts
Abidjan-Cocody 03 BP 1588 Abidjan 03
(00225) 05 77 87 31

L'HARMATTAN MAURITANIE
Espace El Kettab du livre francophone
N° 472 avenue Palais des Congrès
BP 316 Nouakchott
(00222) 63 25 980

L'HARMATTAN CAMEROUN
Immeuble Olympia face à la Camair
BP 11486 Yaoundé
(00237) 99 76 61 66
harmattancam@yahoo.fr

L'HARMATTAN SÉNÉGAL
« Villa Rose », rue de Diourbel X G, Point E
BP 45034 Dakar FANN
(00221) 33 825 98 58 / 77 242 25 08
senharmattan@gmail.com

www.ingramcontent.com/pod-product-compliance
Lightning Source LLC
LaVergne TN
LVHW011018061026
849535LV00006B/1936